팔로우 더 머니

FOLLOW THE MONEY

── 반트럼프 도당과 딥스테이트의 충격적인 연결고리들 ──

팔로우 더 머니

── 댄 본지노 지음 | 황성연 옮김 ──

열아홉

contents

1장

우크라이나에서
벌어진 미친 짓

나는 내 마지막 책을 끝낸 두 곳에서부터 이 책을 시작하고자 한다. 그곳은 바로 우크라이나와 워싱턴 D.C.다.

　이 두 곳은 내가 '미국의 스캔들 공모자들'이라고 부르는 집단이 최상의 원재료를 뽑아내는 곳이다.

　미국의 스캔들 공모자들은 징징대는 민주당원들, 고결한 척하는 좌파 언론인들, '트럼프는 절대 안 돼'라고 주장하는 망상적 착각에 빠진 사람들의 비공식적 연합체로서, 그동안 미국의 선출된 대통령인 도널드 트럼프Donald J. Trump를 무너뜨리는 일에 헌신해왔다.

　나는 공모자들이 하는 작업을 기록하고 해체하기 위해 이미 두 권의 책을 냈다. 첫 번째 책인 『스파이게이트Spygate』에서는 이들이 어떻게 가짜 러시아 스캔들을 만들어냈는지 보여주었다. 그 이야기는 다행스럽게도 트럼프 대통령의 당선을 막거나 신빙성을 갖는 데 실패했다. 두 번째 책인 『혐의를 벗다Exonerated』에서는 잘못된 음모론을 조작하고 세탁함으로써 트럼프를 대통령직에서 물러나도록 만들기 위한 클린턴 쪽 정보원들과 FBI, 그리고 법무부 고위 관료들의 지속적인 노력을 추적했다. 지금은 온 세상이 알고 있듯이, 그 '증거'를 밝혀내려는 특별검사 로버트 뮬러Robert Mueller의 임무는 완전히 실패했다. 두 번째 책에 나와 있는 FBI와 로버트 뮬러의 속임수에 관한 나의 주장들은 법무부 소속 감찰관 마이클 호로위츠Michael Horowitz가 발표한 보고서에 의해 사실로 증명되었다. 이 보고서는 FBI가 트럼프 측 선거 캠프의 고문인 카터 페이지Carter Page를 감시하고 FISA[1] 영장을 얻기 위해 제출한 서류들에는 17가지 중대한 오류와 생략이 포함되어 있다고 결론지었다.

그 악명 높은 '스틸 문건Steele Dossier[2]'은 조작과 루머, 그리고 트럼프 선거 캠페인에 대한 거짓말을 한데 묶은 모음집인데, 이를 두고 호로위츠 감찰관은 다음과 같이 말했다. "FBI는 FISA 영장을 제출하면서 참고했던 스틸 보고서를 재평가하는 데 실패했고, 법무부와 국토안보부에도 제대로 알리지 않았다. 우리는 FBI가 잠재적 중요성을 띤 몇몇 정보를 스틸에게서 얻기 위해 적극적으로 노력하지 않았음을 알아냈다."

이 두 가지의 정교한 실패에도 개의치 않고, 수치심을 모르는 공모자들은 그들이 쓰고 있던 무분별한 대하소설을 새로운 장으로 전환했다. 뮬러 특별검사의 무의미한 조사가 끝난 지 겨우 몇 개월 후, 그

---

1   해외정보감시법(Foreign Intelligence Surveillance Act, FISA)

2   2016년 전직 영국 해외정보국(MI6) 요원인 크리스토퍼 스틸Christopher Steele은 미국 대선 당시 트럼프 대통령과 러시아 간 연루설을 담은 문건을 작성했고, 이 문건을 소위 스틸 문건Steele Dossier이라고 부른다. ― 역자 주

들은 대통령을 제거하기 위한 탄핵 절차를 개시해 미국의 국회의사당을 마비시킴으로써, 많은 사람의 수천에 달하는 아까운 시간을 낭비했다. 그리고 우크라이나는 그러한 노력의 한가운데에 있었다.

혹은 '실패한 노력'이라고 해야 하나?

대통령에게 가해진 불합리한 탄핵 절차에 대해서는 이후에 기술하기로 하고, 지금으로서는 우크라이나라는 나라에 초점을 맞춰보자. 이 나라가 왜 그렇게 중요한가? 왜 이 나라는 골칫거리를 끌어들이는 자석인가? 미국 대통령이 볼로디미르 젤렌스키Volodymyr Zelensky 우크라이나 대통령에게 몇 마디 건넸을 뿐인데, 왜 미국이라는 공화국이 붕괴할지도 모른다는, 절망적이고도 하늘이 무너질 듯한 언급들이 폭발하듯 터져 나오는가? 트럼프는 대통령이 해야 하는 일을 한 것 뿐이었다.

트럼프 대통령의 소위 '극악무도한 행동'을 폭로하겠다며 미국 하원 정보위원회 위원장인 애덤 시프Adam Schiff가 내놓은 우크라이나 전문가들의 말이 있다. 다음의 발췌문들이 이 동유럽 수수께끼를 충분히 설명하는지 알아보자.

> 우크라이나는 강대국 간의 뜨거운 경쟁을 위한 전장이다. 영토 통제권과 우크라이나 지배권을 갖기 위한 하이브리드 전쟁이 벌어지는 곳이다.
> — 마리 요바노비치Marie Yovanovitch, 전 우크라이나 주재 미국 대사

> 우크라이나는 진정성 있고 활기찬 민주주의 국가이며, 구 소비에트 연방 국

가들과 러시아, 그리고 홍콩에 모범이 된다.
— 데이비드 홈즈David Holmes, 주우크라이나 미국 대사관 정무 담당 참사관

우크라이나는 미국의 소중한 파트너이고, 미국의 국가안보에 있어서 중요한
역할을 담당하고 있다.
— 피오나 힐Fiona Hill, 미국 국가안전보장회의 유럽·러시아국 선임 국장

우크라이나는 진전을 이뤄내는 중이다.
— 알렉산더 빈드만Alexander Vindman, 미국 국가안전보장회의 유럽국 국장

내가 기대했던 우크라이나에 대한 가장 정확하고 정직한 묘사는 실제로는 청문회에서 나오지 않았다. 그것은 누군가가 나에게 이메일로 보내준 사인펠드Seinfeld 에피소드에서 나왔다. 이 시트콤의 팬이어야만 1995년 1월 19일에 방영된 에피소드에서 나온 예언적인 정치적 분석을 이해할 수 있는 것은 아니다. 키가 크고 호리호리한 힙스터인 크레이머Kramer는 지하철에서 보드게임인 '리스크'를 하고 있는데—그 자체로도 웃기는 장면이다—그는 다음과 같은 말로 상대편을 놀린다. "너 우크라이나가 뭔지 알아?" 그는 웃는다. "미국의 봉이야. 길가의 말똥이지."

적어도 이것은 예상 가능한 범주에 있는 내용이다. 분명 우크라이나는 많은 것들로 설명 가능하다. 그곳은 정직한 지도층을 간절히 바라는 멋진 사람들이 열심히 사는 나라다. 하지만 우크라이나 사람들

은 권력과 부를 탐하는 타락한 정치 계급에 지속적으로 실망해왔다. 우크라이나 정치에는 정치적 흐름을 회복할 수 있는 한 가지 자질이 부족하다. 그것은 바로 도덕성이다. 미국 의회 전문가들이 내놓은 우크라이나에 대한 언급들은 실제로도 틀리지 않았다. 하지만 그렇다고 그것들이 옳았던 것도 아니다. 그들은 전체적인 그림을 말해주지 않았다. 우리가 이야기를 더 깊이 파고들면 들수록, 그리고 이 무질서한 국가를 둘러싼 부패한 연결고리들을 파헤칠수록, 그 어떤 설명도 워싱턴 D.C.라는 늪의 공모자들의 솔직한 고백보다 더 정확할 수는 없을 것이다.

> 우크라이나는 24시간 운영되는 거대한 ATM 기계. 욕심 많은 정치꾼, 로비스트, 그리고 미국 부통령의 아들에게 돈을 뱉어내는 고장난 슬롯머신이다.

이것이 정확한 설명이었을 것이다. 물론 스포트라이트가 우크라이나에 집중되고 있는 현 상황에서는 모든 사람이 모범적으로 처신할 것이다. 하지만 돈을 무한정 찍어 내며, 영향력을 팔고, 인정사정 볼 것 없이 뒤통수를 치는 우크라이나의 방대한 부패를 이해하는 것은, 무엇 때문에 도널드 트럼프가 탄핵이라는 부조리하고 가식적인 놀이를 촉발한 '그 대화'를 꺼냈는지 전 세계가 알 수 있게 한다.

그들은 우크라이나에서 영향력을 사고팔았다. 우크라이나는 러시아와 미국의 이익에 중대했다.

현금을 창출하는 데 있어서 이권을 가진 사람 누구에게나 우크라이나는 중대한 나라였다.

당시 부통령이었던 조 바이든Joe Biden의 아들 헌터 바이든Hunter Biden은, 그런 사람들 가운데 가장 유명한 인물이었다. 돈줄을 따라 출몰한 많은 쥐들이 엄청나게 큰 액수의 현금 인출을 위해 우크라이나로 몰려들었다. 내가 이러한 내막을 다수의 기록으로 남겼기 때문에 세상은 공모자들과 그들이 공유했던 사악한 연결고리에 대해 훨씬 많은 것을 알게 되었다.

완벽히 조작된 트럼프 스캔들의 진정한 시초에는 폴 매너포트Paul Manafort가 있었다.

나는 여기서 폴 매너포트를 옹호하려는 것이 아니다. 분명히 말하지만, 그는 트럼프 캠페인에 악영향을 미쳤다—그는 정치 컨설턴트로 시작해 트럼프 선거 캠페인 조직 의장을 역임했다—그리고 대통령 후보의 전체 조직에 해로운 그늘을 드리웠다. 공모자들은 매너포트의 의심스러운 거래를 이용해서 정치적 이득을 얻는 것에 매우 행복해했다. 『혐의를 벗다』에서 나는 어떻게 매너포트의 존재가 힐러리 클린턴Hilllary Clinton 캠프의 작업[3]을 수행하기 위해 고용된 회사인 '퓨전 GPS(Fusion GPS)'의 존재를 널리 알리게 되었는지를 설명했다. 억만장자 올레크 데리파스카Oleg Deripaska와 빅토르 야누코비치

---

3   완곡한 표현으로서, 상대 정치인을 조사해 스캔들이 될만한 정보를 알아내는 행위를 말한다. — 역자 주

Viktor Yanukovych 전 우크라이나 대통령으로 의심되는 푸틴 러시아 대통령의 측근들과 그가 맺은 밀접한 관계가 그 작업의 대상이었다.

퓨전 GPS의 글렌 심슨Glenn Simpson은 자신이 펴낸 책에서 매너포트를 여러 해 동안 추적해왔음을 밝혔다. 내 책이 나온 지 2개월 후 출간된 그 책은 내가 인용한 것과 같은 〈월 스트리트 저널〉 기사들에 주목했다.

> 매너포트는 그저 연방정부 공사를 많이 수주하는 회사가 아니었다. 그는 워싱턴 D.C. 컨설팅의 연대기에 있어서 핵심적 인물이었고, 욕심 많고 부패하기로 유명한 정보원이었다…… 그는 대통령 선거 캠페인 중 외국에 로비를 했고, 10년 넘게 유럽에서 미국 이익에 반해 열심히 활동해왔다.

매너포트는 트럼프 선거 캠페인에서 6개월 정도 일했다. 심슨과 그의 정보원들이 의심스러운 점들을 찾고 있었을 때, 민주당전국위원회 컨설턴트인 알렉산드라 찰루파Alexandra Chalupa 역시 작업에 착수했다. 그녀는 푸틴이 조종하는 우크라이나의 허수아비 대통령 야누코비치 그리고 그의 부패한 행정부(이 행정부는 민중 봉기로 타도되었다)와 매너포트가 관련이 있음을 알릴만한 사람들에게 모두 알렸다. 하지만 결정적으로 매너포트를 무너트린 것은 의심스러운 '검은 장부'에 관한 〈뉴욕 타임스〉 기사였다.

〈뉴욕 타임스〉는 "새로 만들어진 우크라이나의 국가반부패국National Anti-Corruption Bureau에 따르면, 수기로 작성된 이 장부는 야누코비치 대통령의 친러시아 성향 정당이 2007년부터 2012년까지 1,270만 달러의 현금을 매너포트 앞으로 비밀리에 지급했음을 보여준다."고 보도했다.

우크라이나의 반부패 경찰들 역시 야누코비치 측근들에게 현금을 보낸 국외 회사들과 '우크라이나 케이블 텔레비전 자산을 매너포트와 그의 오래된 러시아 억만장자 고객인 올레크 데리파스카가 함께 만든 합작회사에 매각하는 1천8백만 달러 거래'를 포함한 수백 건의 '은밀한' 거래들을 조사하고 있었다.

트럼프 후보에 대한 여론조사 수치 하락과 함께, 러시아와 우크라이나의 지도자들이 연루된 범법 행위에 관한 주장이 터져나왔다. 결국 검은 장부 기사가 나온 지 5일 만에 매너포트는 사임했다.

사실, 검은 장부에 대한 기사는 첫 날부터 신빙성을 잃었다. 유죄를 입증하는 듯한 그 증거는 폴 매너포트가 트럼프 팀에 합류한 것과 비슷한 시기에 어디선가 홀연히 나타났다. 우크라이나 의회 의원인 세르히 레셴코Sergii Leshchenko는 22쪽에 달하는 비밀스러운 재정 거래 내역을 2016년 2월에 메일함을 통해 받았다고 말했다. 3개월 후 빅토르 트페팍Viktor Trepak 전 우크라이나 국가정보원 부원장은 그 장부가 무기력한 고아처럼 자신의 현관문 앞에 놓여 있었다고 말했다. 그것은 2007년부터 2012년 사이의 충격적인 거래들을 기록한 800쪽에 달하는 문서였다.

도대체 왜 이런 일이 벌어지는가? 우크라이나가 불법적인 현금 지급에 대해 세금을 공제하는 것이 아니라면, 왜 서류상의 흔적을 남기

15

는 것인가? 레셴코는 다음과 같이 해명했다. "아마도 서류상의 기록이 더 안전하다는 생각이었을 것입니다. 컴퓨터 해킹으로 훔쳐낼 수도 없고 경찰 수사관들이 장비를 수색하더라도 찾아낼 수가 없을 것이기 때문입니다."

물론 가능한 이야기다. 하지만 100쪽이면 충분했을 서류를 800쪽으로 조작한다는 것은 분명 제대로 된 생각은 아니다. 레셴코의 설명이 그럴싸하다면, 복수를 노린 누군가가 그 문서를 조작해 퍼트렸다는 것 역시 합리적인 의심이 아닐까? 그 문서의 출처는 한 번도 밝혀진 적이 없었다. 검증 가능성이라는 측면에서 볼 때, 그 출처는 네스호 괴물⁴만큼이나 미스터리했다.

매너포트의 사업 동료이자 트럼프 캠페인 팀의 일원이었던 릭 게이츠Rick Gates는 검은 장부가 가짜라고 FBI 요원들과 특별검사 로버트 뮬러 팀 검사들에게 말했다. 게이츠에겐 거짓말을 할 이유가 없었다. 그는 불행한 뮬러 팀을 위해 협조적인 증인이 되어주었고, 결국 형량 조정을 얻어냈다.

존 솔로몬John Solomon 기자에 따르면, 로버트 뮬러 특별검사와의 인터뷰에서 게이츠는 장부가 완전히 조작되었다고 말했다.

그는 "검은 장부는 조작된 것이었습니다. 그것이 실체가 없다는 것

---

4   스코틀랜드 네스 호수에 산다는 정체불명의 동물이다. 멸종한 수장룡이라는 주장이 가장 널리 알려져 있지만, 과학적인 증거는 희박하다. – 역자 주

이 지금껏 밝혀진 사실입니다."라고 말함으로써, 진실을 확인해주었다. 검은 장부 이야기를 촉발한 〈뉴욕 타임스〉기사에 대해서는, "그 기사는 완전히 잘못된 것입니다."라고 뮬러 팀에 말했다. "당신들도 알다시피, 현금 지급은 없었습니다. 돈은 전신으로 송금되었습니다. 장부는 완전히 조작된 것입니다."라고 말했다.

게이츠는 또 그것이 야누코비치의 당이 기록을 유지하는 방식과도 어긋난다고 주장했다. 그 장부가 그들의 방식대로 쓰여졌다면 그것은 절대 수면 위로 올라오지도 않았으리라는 것이었다. 인터뷰 요약문에 따르면, 게이츠는 "야누코비치가 외국으로 달아나면서 당 본부가 불탔을 때 모든 기록들도 불탔습니다."라고 말했다.

그렇다면, 검은 장부는 어떤 의미를 갖는가? 누가 장부의 존재로부터 이득을 얻었을까? 만일 장부 안의 거래들이 사실이라면, 그것은 매너포트가 엄청난 액수의 수입을 신고하지 않았음을 드러내는 것이다. 그는 잠재적인 돈세탁 혐의를 받게 된다. 그것은 또한 매너포트가 우크라이나를 위해 일하는 외국 대리인으로 등록하지 않았다는 증거도 된다. 외국대리인등록법Foreign Agents Registration Act 위반으로 누군가를 기소하는 것은 스파이게이트 스캔들[5]이 터지기 전에는 들어보지 못한 일이었다. 이러한 점들에 비추어볼 때, 누가 검은 장

---

5   도널드 트럼프 미국 대통령이 '러시아 스캔들'에 대응하는 차원에서 대선 당시 법무부나 연방수사국(FBI)이 자신을 떨어뜨리기 위해 대선캠프에 정보원을 심었다는 의혹을 '스파이게이트'로 명명한 바 있다. — 역자 주

부로부터 이득을 챙겼는가 하는 질문에 대한 답은 명확하다. 바로 매너포트의 법적 문제들에 대해 알리고자 했던 이들이다.

그렇다면 도대체 누가 도널드 트럼프 측 선거대책위원회 의장이 곤경에 빠지는 모습을 보고 싶어 했겠는가? 당시 트럼프의 경쟁자들 모두가 혐의 가능성이 있다. 힐러리 클린턴, 민주당전국위원회, 그리고 공화당이 백악관에 입성하면 공직과 권력에서 물러나야 하는, 오바마와 클린턴에 충성하는 자들 말이다.

다시 말하자면, 트럼프 측 선거 캠페인의 수장을 흠집 내는 것은 곧 트럼프를 아프게 하는 일이다. 하지만 그물망을 좀더 넓게 던져보자. 트럼프를 아프게 하는 것이 공모자들의 원래 목적은 아니었다. 그들의 목적은 그를 막는 것이었다. 폴 매너포트의 부정행위에 대한 증거를 드러내는 것이야말로 유죄를 밝혀줄 증언을 수집하고자 하는 검사에겐 이상적인 선택지였다. 그리고 만일 당신이 상대편 선거 캠페인을 망치려고 하거나 대선행보에 심각한 손상을 입히려는 정치 정보원이라면, 매너포트의 비행을 수집하는 것이야말로 당신이 정확히 해야 할 일이다.

트럼프 선거 캠프와 러시아가 공모했다는 증거를 샅샅이 뒤지는 검사들과 편견을 가진 FBI 요원들에게 그 검은 장부는 꿈을 현실로 이루어주는 것이었다. 검은 장부를 통해 선거 캠프를 총괄하고 있던 폴 매너포트와 매너포트의 사업 동료이자 캠프 부의장으로 일하고 있던 릭 게이츠에게 법적인 영향력을 행사할 수 있었기 때문이다.

그 장부는 매너포트와 게이츠가 트럼프에 집착하는 검사들과 수사관들에게 협조해, 그들이 알고자 하는 모든 것을 말하게 만드는 방법을 제공했다.

게이츠는 협조적인 증인이 되었다. 그는 우크라이나의 어느 당을 위해 일하면서 번 수백만 달러의 돈을 미국 국세청에 신고하지 않기 위해 공모하고, 조사 과정에서 FBI에 거짓말을 한 혐의를 인정했다. 그러나 게이츠는 형량 조정을 제안받았음에도 불구하고 대통령을 공모에 연루시키는 확정적인 증거를 단 하나라도 뮬러의 마녀 사냥꾼들에게 제공하지 않았다. 러시아와의 부적절한 공모가 있었다는 의심에 가장 가까이 다가간 폭로는, 매너포트가 게이츠에게 데리파스카가 데리고 있던 직원인 콘스탄틴 킬림닉Konstantin Kilimnik에게 아무런 의미도 없는 캠페인 여론 조사 관련 최신 정보를 제공했다는 내용이었다. FBI는 킬림닉이 러시아 정보기관과 연결되어 있다고 믿었지만, 그가 한때는 무려 오바마 행정부의 국무부 정보원이었다는 사실은 주목할 만하다. 뮬러 보고서가 자칭 '대단한' 폭로라고 밝힌 결론은 다음과 같다.

> 매너포트는 선거 캠페인 부의장이자 오랜 직원이었던 릭 게이츠에게 여론 조사 자료를 포함하는, 트럼프 캠페인에 대한 최신 정보를 킬림닉에게 제공하라고 지시했다. 하지만 매너포트는 그런 지시를 기억하지 못한다고 주장한다. 매너포트는 킬림닉이 그런 정보를 우크라이나에 있는 다른 사람들과 데리스파카와 공유하기를 기대했다. 게이츠는 그러한 여론 조사 자료를 선거 캠페인 동안 킬림닉에게 정기적으로 보냈다.

다시 말하지만, 매너포트는 영웅이 못 된다. 그는 사라진 자금과 관련해서 자신에게 여러 건의 소송을 제기한 것으로 알려진 데리파스카에게 정보를 넘겨주는 것이, 트럼프 선거 캠프의 선대위 의장이 강력한 힘을 가진 러시아 독점 재벌과의 분쟁을 해결하는 데 도움이 될 것이라고 게이츠에게 말했다. 뮬러 검사는 분명 이 문제와 관련해서 게이츠와 매너포트를 봐주기로 했던 것 같다.

> 특별검사실은 킬림닉(혹은 그가 정보를 넘겨준 다른 사람들)이 그 정보로 무슨 일을 했는지 알 수가 없었다. 특별검사실의 조사는 매너포트가 러시아 정부의 선거 개입에 협조했다는 점을 밝혀내지 못했다.

이 모든 것은 나를 두 가지 결론으로 이끈다.

첫 번째는 그 의문의 검은 장부가 어떤 내용을 드러낸다고 하더라도, 그것은 스파이게이트 그리고 러시아게이트와는 관련이 없었다는 점이다. 그것은 미스터리 작가나 영화 시나리오 작가들이 '맥거핀[6]' 이라고 부르는 것이었다. 그것은 『몰타의 매The Maltese Falcon[7]』에 나오

---

6 소설이나 영화에서, 어떤 사실이나 사건이 매우 중요한 것처럼 꾸며 독자나 관객의 주의를 전혀 엉뚱한 곳으로 돌리는 속임수를 말한다. - 역자 주

7 『몰타의 매(The Maltese Falcon)』는 1930년 출간된 대실 해미트Dashiell Hammet의 장편소설이다. 총 3번 영화화되었다. 강인하고 남자다운 주인공 샘 스페이드가 몰타의 매라는 이름을 가진 새 조각상을 둘러싼 살인사건을 해결하는 내용으로, 탐정 소설을 문학의 경지로 끌어올렸다는 평가를 받고 있다. - 역자 주

는 명목상의 새로, 모든 등장인물들이 탐내는 조각상이었다. 총각파티가 잘못되는 영화 〈행오버Hangover〉에 나오는, 사라진 미래의 신랑 더그를 찾는 일과 같았다. 그것은 고전 영화 〈시민 케인Citizen Kane〉에서 주인공이 죽기 전에 마지막으로 하는 말, '로즈버드Rosebud'라는 단어 뒤에 숨어있는 미스터리였다. 검은 장부는 음모 내러티브를 주도했고, 매너포트는 트럼프 선거 캠프에 합류하자마자 그 타깃이 되었다. 그것은 트럼프의 선거 캠프에 의심이라는 짙은 구름을 퍼트렸고, 후보의 의사를 무시하고 매너포트와 트럼프 팀을 조사하도록 길을 열어주었다. 검은 장부는 매너포트의 재정적 속임수 외에는 아무것도 증명해내지 못했다. 그럼에도 그것은 검사들이 실패로 예정된 그들의 급습을 시작하기 위해 꼭 필요한 것이었다.

두 번째로, FBI와 뮬러 팀 검사들이 트럼프 선거 캠프 측 고위급 인사에 관한 부정적인 기사들을 만들어내기 위해 장부를 활용했다는 사실이다. 그들은 우크라이나에서 사이프러스, 세이셸, 카리브해의 세인트빈센트와 그레나딘에 있는 서류상 회사들의 숨겨진 은행 계좌를 거쳐 다시 미국으로 흘러들어간 그의 돈을 추적했다. 매너포트와 게이츠는 우크라이나라는 연중무휴 ATM기를 오남용한 유일한 사람들은 아니었다. 그들은 러시아와 미국 양쪽에 연줄을 가진 부패한 공무원들과 의심스러운 관계를 맺은 유일한 미국인들도 아니었다. 이후 설명하겠지만, 현금이 풍부한 우크라이나라는 정치적 세계로 뛰어들 준비가 되어 있던 사람들은 대통령과의 연줄을 다수 가지고 있었다.

트럼프와의 연줄이 아니다—전 대통령인 오바마와 클린턴과의 연줄이었다.

그들 중 다수는 서로를 알았다. 그들은 이전 행정부에 대한 충성을 공유했다. 몇몇은 동료들이었다. 몇몇은 출세 제일주의자들이었다. 몇몇은 비겁한 정보원들이었다.

미국의 스캔들 공모자들은 워싱턴의 늪에서 새어 나오는 불운한 징조들을 애써 무시했다. 하지만 이제는 그들의 돈과 연결고리를 추적할 시간이다.

소로스 일당, 제 1부

검은 장부가 수면 위로 올라온 지 한 달 후, 거액의 돈이 우크라이나의 어두운 그늘 아래에서 오가고 있었다. 그중에는 트럼프 탄핵 절차에 깊숙이 개입된 사람들이 있었다. 억만장자이자 민주당 후원자인 조지 소로스George Soros는 그 어두운 그늘 한가운데 있었다.

소로스는 그의 재단 펀드가 적어도 처음에는 개인적인 이익 추구를 위해 만들어졌음을 인정했다. "자선사업자 신탁Charitable Lead Trust은 흥미로운 절세 방안입니다."라고 그는 충격적인 수준의 솔직함을 담아 말했다. "당신의 자산을 신탁에다 맡기고 일정액의 돈을 매년 자선사업을 위해 내놓습니다. 당신이 그 돈을 내고 나서 몇 년이 흘렀는가와는 상관없이 남은 원금은 상속세나 증여세 없이 상속인에게 남겨질 수 있습니다. 이런 식으로 나는 내 아이들을 위한 신탁을 설정해두었습니다."라고 그는 말했다. 보도에 따르면, 소로스는 20년 동안 매년 3백만 달러를 기부하는 계획을 시작한 것으로 알려졌다. 이후 그는 오픈소사이어티 재단^{Open Society}을 설립하고 320억 달러를 제공하는 등 여러 기부 계획을 내놓았고, 최소 7천5백만 달러를 다수의 정치 후보들에게 기부했다.

그의 기부금이 향한 곳들 — 최소한 간접적으로라도— 가운데 하나가 우크라이나였다. 2017년에 소로스는 외국이 서방세계 선거에 개입하는 문제를 조사하기 위해 다니엘 존스^{Daniel J. Jones}가 설립한 민주주의 통합 프로젝트^{Democracy Integrity Project}(TDIP)에 1백만 달러를 기부했다. 전직 FBI 분석가 겸 상원의원 다이앤 파인스타인^{Dianne Feinstein}(민주당 소속-캘리포니아 지역 의원)의 직원이었던 존스는, 7백만 달러에 달하는 그의 비영리 단체 수입을 두고 다툼을 벌였다. 그의 그룹은 '연구 컨설팅'을 위해 3,323,924달러를 빈 유한책임회사^{Bean LLC}에 지급했는데, 이 회사는 퓨전 GPS의 모회사였다.

이 사안을 역으로 추론해보자. 존스는 단순히 스파이게이트 대참사를 촉발했던 회사를 고용한 것이 아니었다. 퓨전 GPS가 스스로를 고용한 것이다. 심슨이 존스에게 접근한 이후 민주주의 통합 프로젝트^{TDIP}가 어떻게 만들어졌는가를 압축적으로 설명한 글렌 심슨의 이야기를 옮겨보자.

두 사람은 취임 기간이 끝난 어느 일요일에 시내에 있는 존스의 사무실에서 만났다. 심슨은 존스에게 퓨전의 2015년 초창기 과업에서부터 선거 캠페인 마지막 날의 행사에 이르는 모든 이야기들을 들려주었다. 존스는 정보위원회에서 다양한 러시아 안보 이슈를 다룬 경험이 있었다. 그는 미국이 15년 전 알 카에다al-Qaeda에 대응했던 것과 마찬가지로 새로운 러시아 안보 위협에 대응할 준비가 되어 있지 않다는 점에 동의했다. 심슨은 미국과 다른 서방 민주주의 국가들에서 러시아가 벌이는 전복 작전들을 폭로하기 위해 새로운 그룹을 만들자고 제안했다. 존스는 이에 즉각 동의했다.

2015년에 조지 소로스는 힐러리 클린턴을 지지하는 단체들에 1천 6백만 달러를 기부했다. 그는 글렌 심슨이 제안한 단체에도 1백만 달러를 기부했다. 그리고 심슨의 회사이자 스파이게이트를 촉발한 퓨전 GPS는 러시아 첩보 작전이 전 세계 선거에 어떻게 영향을 미치고 있는지를 연구할 목적으로 3백만 달러를 받았다. 나는 러시아 정보기관이 선거에 영향을 미치려 한다는 점에 대해서는 의구심이 없다. 미국도 그렇게 한다. 중국도 그렇게 한다. 그게 강대국들이 하는 일이다. 하지만 국익과 사익을 구분하는 법을 몰랐던 글렌 심슨은 이 프로젝트를 지휘할 만한 인물은 단연코 아니었다. 그가 사익을 좇는 당파적인 일꾼이었다는 증거는 명확하다.

흥미롭게도, 소로스는 민주주의 통합 프로젝트 이야기에 모습을 드러내는 유일한 클린턴 일가 지지자는 아니었다. 심슨에 따르면 빌 클린턴 전 대통령의 비서실장이자 힐러리 클린턴의 대통령 선거 캠프 의장이었던 존 포데스타John Podesta가 '가장 도움이 되는 사람들 가운데 한 명'이었다.

어지럽지 않은가?

조금만 더 버텨주길 바란다.

포데스타의 개입은 두 가지 이유에서 흥미롭다. 그의 지메일Gmail 계정이 기초적인 피싱 공격으로 인해 훼손되는 일이 있었다. 러시아 해킹이 그 원인으로 지목되었다. 포데스타와 민주당전국위원회의 이메일이 위키리크스Wikileaks[8]에서 광범위하게 누설되었고, 민주당 선거 캠프로서는 상당히 곤혹스러운 내용들이 다수 밝혀졌다. 그 가운데는 다음과 같은 것들이 포함되어 있었다. 민주당전국위원회 임시 의장이었던 도나 브라질Donna Brazile이 힐러리 클린턴을 위해 토론 질문을 사전에 입수했다는 것, 민주당이 '투표율 제고 캠페인'의 일부로 진보주의적 가톨릭 그룹을 만들려고 은밀히 논의하고 있었다는 것, 동맹국 사우디아라비아가 ISIS의 서방에 대한 전쟁을 지원하고 있다고 고위급 선거 캠페인 인사들이 말했다는 것 등이었다. 거대 테크 기업들에 이메일을 보내는 동안 가장 기본적인 온라인 공격으로 고통 받았던 남자의 아이러니에 대해서는 그냥 넘어가기로 하자. 포데스타가 심슨의 프로젝트와 관련해서 개인적인 이해관계를 가지고

8　익명의 정보 제공자가 제공하거나 자체적으로 수집한 사적 정보 또는 비밀, 미공개 정보를 공개하는 국제적인 비영리기관으로, 주로 각국 정부나 기업 등에 속한 조직의 비공개 문서를 공개한다. - 역자 주

있었다는 점은 밝혀졌다. 백해무익한 힐러리를 이기는 데 있어 이메일 사건이 트럼프에게 도움이 되었는지는 전혀 밝혀진 바 없지만, 러시아 정보원들을 향해서는 포데스타보다 더 큰 복수의 동기를 가진 사람은 없었다(클린턴 후보 본인을 포함하지 않는다면).

두 번째 흥미로운 점은 존 포데스타의 형인 토니 포데스타Tony Podesta가 우크라이나 돈줄에 기대 돈을 벌어들인 것과 관련해서 조사를 받고 있었다는 사실이다. 포데스타 그룹Podesta Group의 의장으로서, 토니는 워싱턴 D.C.라는 후미진 늪의 가장 큰 로비 세력 가운데 하나였다. 두 정당 모두를 위해 일하긴 했지만, 그는 2016년 거의 90만 달러에 달하는 금액을 후원받아 클린턴과 민주당에 기부했다. 2018년에는 폴 매너포트와의 관계와 더불어 외국대리인등록법을 위반했다는 혐의로 조사를 받았다. 2012년부터 2014년 사이에 포데스타는 매너포트와 게이츠가 추진하는 우크라이나 캠페인을 위해 최소 120만 달러를 받았는데, 그것은 실각한 친러시아 성향의 우크라이나 대통령 빅토르 야누코비치와 '우크라이나 지역당'의 지원을 받은 것이었다.

받은 수표를 현금화한지 약 5년이 지난 후, 포데스타 그룹은 외국대리인등록법FARA 서류를 제출했다. 그리고 '현대화된 우크라이나를 위한 유럽 센터European Center for Modern Ukraine'가 자신들은 외국 정부나 정당으로부터 '직접 혹은 간접적으로 감독, 지시, 통제를 받지도 않고, 재정적 지원 또한 받지도 않는다'라는 말을 했다고 주장했다.

토니 포데스타는 이 이야기가 세상에 알려지자 직책에서 사임했다. 검사들은 2019년 9월, 기소 없이 조사를 마무리했다. 하지만 오바마 시절 백악관 자문관을 역임한 그레그 크레이그$^{Greg\ Craig}$는 같은 프로젝트와 관련하여 법무부에 위증하고 자신이 한 일에 대한 정보를 숨긴 혐의로 기소되었다. 크레이그는 무죄를 선고 받았지만, 이 모든 것은 우리를 더 큰 그림으로 이끈다. 우크라이나는 워싱턴 D.C. 늪의 사람들에게 마르지 않는 돈의 샘이었고, 그들 가운데 다수는 여러 차원에서 함께 협력했다.

하지만 그 누구도 소로스만큼 복잡하게 얽혀있지는 않았다.

소로스 일당, 제 2부

소로스의 오픈소사이어티 재단은 전 동구권 국가였던 우크라이나의 민주주의와 시장 경제로의 이행을 돕기 위한 국제르네상스재단 International Renaissance Foundation을 1990년 우크라이나에 설립했다. 4년간 오픈소사이어티는 우크라이나에서 다양한 프로젝트를 운영하기 위해 매년 1천4백만 달러를 재단에 쏟아부었다. 30년 후에도 재단은 소로스 그룹으로부터 8백만 달러에 달하는 재원을 여전히 지원받고 있었다. 2014년, 오픈소사이어티와 재단의 지원을 받은 사람들은 우크라이나 반부패센터(Anti-Corruption Centre of Ukraine, AntAC) 설립을 적극적으로 추진했다.

2018년 말을 기준으로 연간 총 재원의 17%를 차지하는 금액인 289,285달러를 소로스 그룹으로부터 받은 우크라이나 반부패센터는 우크라이나에서 심각한 부패가 만연했을 때 시작되었다. 센터는 대형 부패 사건들을 다루기 위한 우크라이나 국가반부패국(National Anti-corruption Bureau of Ukraine, NABU)—검찰총장실과는 별도로 새롭게 만들어진 독립적인 정부 법집행기관이다—설립에 중요한 역할을 했다. 우크라이나 국가반부패국은 서방세계 정부들의 재정 지원으로 설립되었다. FBI 역시 자원을 제공했다.

2015년 2월, 빅토르 쇼킨Viktor Shokin이 우크라이나 검찰총장에 임명되었다. 내가 『혐의를 벗다』에서 설명한 것처럼, 그는 에너지 기업 부리스마 홀딩스Burisma Holdings의 소유주인 미콜라 즐로체브스키Mykola Zlochevsky가 영국 당국에 의해 동결된 2천3백만 달러를 다시 찾을 수 있도록 도와준 것과 관련하여 일찌감치 비난을 받은 인물이었다. 2014년 5월, 당시 부통령이었던 조 바이든의 사고뭉치 아들 헌터 바이든을 부리스마의 이사회에 임명한 것으로 유명했던 즐로체브스키는 푸틴의 측근 야누코비치 정권 아래에서 환경부 장관을 지내기도 했다.

쇼킨은 나중에 부리스마 홀딩스에 대한 조사를 시작할 준비를 하고 있다고 탐사기자 존 솔로몬에게 말했다. 그 조사는 '헌터 바이든이 속한 이사회의 범죄 혐의 심문'을 포함했다.

하지만 쇼킨은 단 한 사람도 심문하지 못했는데, 당시 미국 부통령이었던 조 바이든이 쇼킨을 물러나게 하지 않으면 우크라이나에 10억 달러 차관을 중단하겠다고 협박했기 때문이었다. 바이든 자신이 비디오테이프에 자랑스럽게 녹화한 영상에 따르면, 그는 우크라이나 대통령 포로셴코Poroshenko와 당시 총리였던 야체뉴크Yatsenyuk와의 회의에 참석해 다음과 같이 말했다. "나는 6시간 뒤에 떠납니다. 그 사이에 검찰총장을 해임하지 않는다면, 당신은 돈을 받지 못할 것입니다." 맙소사. 쇼킨은 해임되었고, 믿을만한 누군가가 그 자리에 대신 앉았다.

흥미롭게도 2018년 초에 바이든이 미국외교협회Council on Foreign Relations 행사에서 이 이야기를 자랑스럽게 들려주었을 때, 그 누구도 이 불법적인 보상을 두고 바이든을 비난하지 않았다. 하지만 더 흥미로운 부분은 쇼킨을 검찰총장 자리에서 물러나게 함으로써 바이든은 부리스마 홀딩스와 그의 아들 헌터 바이든도 조사할 것이라고 말하던 한 남자를 해임시켰다는 것이다. 나는 『혐의를 벗다』에서 바이든의 믿을 수 없이 의심스러운 행동에 대해 경고한 바 있다. 그의 행동이 얼마나 부적절한 것이었는지에 대해서는 또다시 언급할 필요가 없다. 바이든은 쇼킨이 부패를 저질렀다고 주장했다. 그런 주장은 정확할 수도, 그렇지 않을 수도 있다. 하지만 절대적으로 부정할 수 없는 것은 바이든이 외국 정부를—그것도 미국의 동맹국을—(그의 아들이 일하고 있던 회사를 들여다보려고 했던 검사를 해임함으로써) 어떤 특정한 방식으로 행동하도록 강압했거나 차관이라는 형태의 커다란 재정적 지원에 접근할 수 없도록 만들었다는 사실이다.

시간을 거꾸로 돌려 2020년 5월로 가보자. 쇼킨의 해임이 바이든이 설계한 주고받기식의 거래였다는 점은 좀 더 명확해졌고, 그것은 바이든의 '내 방식을 따르든지 아니면 떠나'와 같은 행보였다는 점에서 더욱 충격적으로 다가온다.

2020년 5월 19일, 안드리 데카크Andriy Derkach 우크라이나 의원은 바이든과 포로셴코 우크라이나 대통령 간의 전화 통화로 알려진 녹음테이프를 공개했다. 포로셴코는 바이든의 더러운 일을 하고 있음을 인정했고, 또 다른 통화에서는 쇼킨이 해고되었으므로 바이든이 10억 달러 규모의 차관을 승인 중이라고 말했다.

"(쇼킨이) 부패 관련 혐의나 잘못된 일을 하고 있다는 정보가 없었지만, 나는 특별히 그에게 사임할 것을 요구했습니다."라고 2016년 2월 18일자 녹음에서 포로셴코는 바이든에게 말했다.

다른 녹음에서는—백악관이 두 대통령이 대화를 나누었다고 보도자료를 낸 2016년 3월 22일에 이뤄진 것으로 보이는데—바이든과 포로셴코는 누가 검찰총장으로 임명될 수 있을 것인가를 두고 협의했고, 결국에는 유리 루첸코Yuriy Lutsenko가 대체할만한 인물로 언급되었다. 포로셴코는 심지어 바이든이 원한다면 또 다른 후보자를 찾아보겠노라 제안했다.

거래가 이뤄진 후, 바이든은 포로셴코가 한 일에 대해 보상을 제공하겠다는 의사를 분명히 밝혔다. "난 약속을 지키는 사람입니다. 그리고 새로운 검찰총장이 취임했으니, 우리는 이제 10억 달러 규모의 차관 보증서에 서명할 준비가 된 것입니다."

아들의 개인적인 이득을 위한 것이었던 바이든의 부적절한 행동이 이보다 더 명확하게 드러난 일이 있을까?

그러나 주류 언론들은 바이든의 선거 캠프에서 부인하는 말들을 통째로 받아쓰며 바이든의 행동이 완벽하게 수긍할만한 것인양 보도했다.

조 바이든은 백주대낮에 대가를 주고받는 거래를 했고, 심지어 그 사실을 인정했다. 그는 비판받기를 외면하는 정치인이다. 이것이 사실이 아니라면 과연 무엇이 사실로 받아들여지겠는가?

미국 대통령 선거가 열기를 더해 가던 2016년, 우크라이나 검찰총장실은 220만 달러에 달하는 자금의 오남용과 관련해(소로스가 재원의 상당 부분을 지원한) 우크라이나 반부패센터에 대한 조사를 시작했고, 당시 미국 대사였던 제프리 파이어트Geoffrey Pyatt에게 질의서를 보냈다. 조지 켄트George Kent 대리공사(대사관에서 대사 다음의 두 번째 고위급 인사를 표현하는 외교 용어)는 유리 스톨야추크Yuriy Stolyarchuk 차장검사에게 2쪽으로 된 편지로 회신했다. 미국은 '지원 자금의 사용에 대해 아무런 염려를 하고 있지 않으며, 우크라이나 내의 프로젝트를 위해 사용된 해외원조 자금은 단돈 1달러라고 해도 빠짐없이 철저히 관리한다'는 내용을 담고 있었다. 하지만 편지의 내용을 더 깊이 분석해 보면, 당시 켄트가 우크라이나 반부패센터와 관련해서 스톨야추크에게 압력을 가한 정황이 드러난다.

켄트는 쇼킨이 해임된 후 일주일도 지나지 않은 2016년 4월 4일에 "그들이 우리에게서 받은 지원금으로 설립한 반부패센터를 조사하는 것은 마찬가지로 잘못된 것이다."라고 적었다. 당시 후임이 정해지지 않은 관계로 그의 편지는 수취인을 빈칸으로 남겨둔 채 우크라이나 대법원에 도착했다. 켄트는 분명 소로스가 애지중지하는 프로젝트를 놓고 그 기관에 압력을 행사하고 있었다.

쇼킨의 후임인 유리 루첸코에 따르면 미국 외교관들의 이러한 압력은 멈추지 않았다. 새로 온 검찰총장은 새로 부임한 우크라이나 주재 미국 대사 마리 요바노비치Marie Yovanovitch와의 간담회에 참석했고, 그녀에게서 '기소하면 안 되는 사람들의 목록'을 받았을 때 충격을 받았다고 말했다. 존 솔로몬의 기사에 따르면, 그 목록에는 우크라이나 반부패센터의 창립자 한 명과 센터를 지지한 의회 의원 두 명이 포함돼 있었다고 유리 루첸코는 주장했다.

우크라이나 주재 미국 대사관은 쇼킨의 비난을 날조된 것이라고 일축했다. 하지만 솔로몬은 다양한 우크라이나 정보원들로부터 반부패센터에서 손을 떼라는 미국의 압력이 있었음을 확인받았다고 보도했다. 미국이 우크라이나 관료들에게 던진 메시지는 '소로스가 가장 선호하는 또 다른 인물인 버락 오바마에 이어 힐러리 클린턴이 대통령이 될 수 있도록, 미국 대선의 진행 과정에서 반부패센터를 타깃으로 삼지 말라'는 것이었다.

또 다른 우크라이나 고위 관료가 말한 내용을 인용하자면 다음과 같다. "우리는 회전하는 둥근 톱을 마주했고, 온몸이 피범벅이 되었다."

전 우크라이나 내무장관이었던 루첸코는 미국 대사관의 주요 인사들이 우크라이나의 반부패 조치들에 주목하기를 원치 않 했다고 말했다. 당시 미국 대사관을 자주 방문했던 우크라이나 시민들이나 우크라이나 공무원들에 대한 우리의 조사가 그들의 반부패 정책에 그림자를 드리울 것을 염려했었다는 것이다.

무엇 때문에 대리공사 조지 켄트와 대사 요바노비치가 한 주권국가에서 벌어지는 조사에 영향을 미치려고 한 것일까? 이 질문에 답하려면, 그 조사가 오바마 행정부, 국무부, FBI의 몇몇 인물들, 그리고 전례가 없는 수준으로 미국과 국제정치에 몸을 담근 어느 억만장자의 지지를 받고 있던 조직에 집중되어 있었다는 사실을 기억하는 것이 도움이 된다. 어느 누구도 조사를 원하지 않았다. 왜냐하면 그것이 불길한 연결고리들을 드러내고, 반부패센터가 '정치에서의 돈의 영향력을 뿌리뽑기 위한 운동'이라는 진보주의 내러티브를 무너뜨릴 수도 있었기 때문이다.

이 점은 미국의 우크라이나 개입을 옹호하고, 유럽과 미국에서 부패 관련 소송을 진행하려는 반부패행동센터의 노력에 대해 막후에서 충고와 지지를 제공하는 소로스의 오픈소사이어티 재단으로부터 솔로몬이 얻어낸 메모에 비추어볼 때 명확해진다.

메모 안에는 조사 대상인 우크라이나 사람들을 표시한 도표가 들어가 있었고, 매너포트와 관련이 있는 몇몇 사람들도 포함되어 있었다고 솔로몬은 보도했다. 비록 그는 이름을 밝히지는 않았지만, 우크라이나 출신 억만장자인 드미트리 퍼태시Dmitry Firtash의 이름이 언급되었을 가능성이 농후했다. 소로스는 퍼태시와 마찬가지로 유럽의 에너지 산업에 관심이 있었다. 두 사람이 라이벌 관계라는 점은 자명하다. 이 모든 드라마가 벌어지기 1년 전인 2015년, 퍼태시는 그가 매너포트와 함께 돈세탁에 가담했다고 주장하는 민사 고발 사건에서 승소했다.

우크라이나 검사들에 대한 이 모든 압력들이, 폴 매너포트가 트럼프 팀에 합류하고 언더독 후보가 공화당 후보 경선에서 다른 후보자들을 제치고 대통령 후보 지명자가 될 것으로 추정됨으로써 세계를 경악하게 만들었던 2016년 봄에 일어났다. 그 당시 글렌 심슨은 트럼프를 겨냥한 '작업'과 매너포트에 대한 공격을 준비하면서, 은행 계좌를 부풀리고 있었다. 한편 민주당전국위원회 소속 우크라이나 전문가 알렉산드라 찰루파는 매너포트가 더러운 돈과 연관되어 있다며 아무한테나 떠들어댔다. 실제로 전 지구상에서 가장 막대한 기부를 하는 거대한 진보 진영 인사, 조지 소로스가 소유한 재단은 매너포트의 우크라이나 내 협력자들을 조사하는 것에 관심이 있었고, 그렇게 할 수 있는 완벽한 수단과 재원을 제공하고 있었다. 그것이 바로 반부패행동센터였다.

미국 대사관이 반부패행동센터를 수사하려고 했던 노력을 막고자 했다는 사실에 놀랐는가? 특히나 그 작업이 트럼프 캠페인 선대위 의장에 관한 비리를 밝혀낼 수도 있었다는 점과, 결국 실패한 선거 캠페인을 위해 힐러리 클린턴에게 수백만 달러를 기부했던 남자의 지원을 받았다면 어떠한가?

연결고리들은 가히 충격적이다.

우크라이나만이 부패한 나라가 아니었던 것이다.

소로스 일당, 제 3부

우크라이나 반부패행동센터는 퍼태시를 타깃으로 삼기 위해 소로스가 자원을 댄 유일한 조직은 아니었다. 2018년 오픈소사이어티가 후원한 캠페인 법률 센터Campaign Legal Center가 연방선거위원회에 민원을 넣었다. 내용인 즉슨, 러시아어를 하는 우크라이나 사업가 이고르 프루만Igor Fruman과 러시아 태생 사업가 레브 파르나스Lev Parnas가 325,000달러를 친트럼프 슈퍼팩9에 익명으로 전달하기 위해 글로벌 에너지 프로듀서스Global Energy Producers라는 유한책임회사를 서류상 회사 형태로 만들었다는 것이었다.

이것은 파르나스와 프루만에 대한 조사를 촉발했는데, 조사 결과 퍼태시의 변호사가 파르나스의 아내에게 100만 달러를 지급했음이 드러났다. 나는 이 사안에 대해 너무 많은 시간을 할애하고 싶지는 않다. 하지만 우리는 여기서 수백만 달러에 달하는 부패 행위에 가담한 우크라이나 거물급 인사들과 미국의 고위급 지도자들에게 영향력을 행사하기 위해 경쟁하는 사람들을 확인할 수 있다. 파르나스와 프루만의 의심스러운 이력에 속아 넘어간 퍼태시는 그들이 자신의 법적 다툼들을 해결해줄 수 있을 것이라는 인상을 받았을지도 모른

---

9   슈퍼팩은 Super Political Action Committee의 줄임말로 후원조직인 정치행동위원회의 일
     종이다. 특정 정치인이나 정당을 지원하지 않는 것을 조건으로, 제약 없이 정치 헌금을
     모을 수 있는 외곽 후원 조직이라고 할 수 있다. – 역자 주

다. 그러나 기부하기를 좋아하는 두 사람은 이제 기소된 상태다.

격분할 사실은, 부리스마 홀딩스의 수장이 헌터 바이든에게 말도 안 되는 액수의 현금을 퍼주었을 때, 기관들은 '여긴 볼 만한 게 없네. 넘어가자고'와 같은 반응을 보였다는 것이다.

만일 반부패행동센터가 바이든 참사에 초점을 맞췄더라면, 그 회사가 부통령의 아들과 맺고 있던 관계에 대해 염려의 목소리를 내며 부리스마와 관련된 '의심스러운' 거래들을 언급했던 문서를 발견했을지도 모른다. 이 문서는 2016년 2월 18일자로 작성된 경고성 메모인데, 라트비아 수사 기관이 우크라이나의 재정 당국에 조사의 필요성을 언급한 것이었다.

라트비아 감시 기관의 통보문에는 '현재 부리스마 홀딩스의 의심스러운 행위를 조사 중입니다'라고 쓰여있었다. 존 솔로몬은 다음과 같이 보도했다.

> 라트비아 사법당국의 메모는 2012년부터 2015년 사이에 우크라이나의 프리빗뱅크PrivatBank를 통해 벨리즈와 영국에 있는 회사에서 부리스마로 전달된 총 1,660만 달러에 달하는 일련의 대출을 확인했다.
>
> 이 자금은 2014년 5월부터 부리스마 이사회 이사인 헌터 바이든과 우크라이나 천연가스 회사에서 일하는 세 명의 다른 간부들에게 '일부 이체'되었다고 메모는 언급했다.

라트비아의 조사는 우크라이나 관료들이 응답하지 않자 중단되었다. 그러나 이것은 바이든 가족이 불법 행위에 연루된 가능성이 있으며, 그들이 광범위한 부패 혐의에 휩싸인 한 회사와 미심쩍은 관계를 맺었다는 의심을 한층 더 짙게 할 뿐이었다. 그러나 소위 반부패 옹호자라는 반부패행동센터가 그런 관계를 조사하는 데 관심이 있을 것이라고 생각한다면 오산이다. 당신의 후원자가 트럼프를 막기 위해 수백만 달러를 지출하기로 약속한 민주당 내 거대한 후원자라면, 그런 조사는 그다지 매력적이지 않을 것이기 때문이다.

소로스가 트럼프를 막는 데 집착하지 않는다고 생각하는 사람이 있다면 그는 꿈속에 있는 것이다. 2020년 3월, 중국에서 시작되어 전 세계를 마비시킨 치명적인 바이러스인 코로나19에 의해 미국 전역이 포위되자, 소로스의 민주주의 정치 행동 위원회는 민주당의 슈퍼팩인 '프라이오리티스 유에스에이 액션Priorities USA Action'에 300만 달러를 기부했다. 놀랍게도 이 돈은 바이러스에 대한 트럼프 행정부의 대응을 공격하는 일련의 광고를 네 곳의 경합 주에서 후원하는 데 배정되었다. 소로스는 이 돈을 병원이나 고군분투하는 노동자, 혹은 기업들에 기부하는 대신, 대통령 퇴출에 천착했다. 막대한 재산으로 인공호흡기를 구매하는 대신 트럼프를 모욕하는 광고를 쏟아낸 것이다. 만약 소로스가 미국 내 바이러스 확산에 대해 불평하기를 원한다면, 국경을 봉쇄하는 것을 거부함으로써 전 세계에 바이러스를 퍼트린 공산주의 국가부터 비난해야 마땅하다. 중국 공산당은 서방세계를 불안정하게 만드는 데 혈안이 되어 있다. 코로나바이러스의 발병 책임에 대한 논의의 시작과 끝은 모두 중국이다. 이에 대해서는 이 책의 9장에서 보다 자세히 설명할 것이다.

이 비열한 대의를 위해 소로스가 기부한 것은 2020년 프라이오리티스 유에스에이 액션 이후 두 번째였다. 그의 팩PAC[10]은 1월에만 2백만 달러를 기부했다. 11월 선거까지 남은 시간 동안 그가 얼마나 더 많은 돈을 쓸지는 아무도 알 수 없다. 이 글을 쓰고 있는 2020년 6월 현재를 기준으로 예측하건대, 그는 현금 살포에 행복해하는 헌터 바이든의 자랑스러운 아버지이자 주고받기식의 거래를 하는 조 바이든을 지지할 것이다.

커지는 일당

우크라이나 이야기에 등장하는 인물들은 오바마 행정부의 백악관, 미국 사법 및 정보기관들, 소로스 일당, 그리고 우크라이나 사이를 궤도처럼 돌고 있다.

베테랑 돈세탁 전문가인 FBI 요원 카렌 그린웨이Karen Greenway는 오바마 행정부 때 검찰총장실의 자금 추적을 돕기 위해 우크라이나로 파견됐다. 내가 『혐의를 벗다』에서 기록했고 감찰관 마이클 호로

---

10   Political Action Committee(정치 활동 위원회)의 약자로, 특정 입후보자를 당선시키거나 정책을 지원하기 위해 자금을 모으는 조직을 말한다. – 역자 주

위츠Michael Horowitz가 확인해준 바에 따르면, FBI 고위 간부들은 트럼프에 대항하는 캠페인을 펼치는 데 큰 역할을 담당했다. 나는 대부분의 FBI 요원들이 당파적이지 않은 법 집행 전문가라고 전적으로 믿는다. 나로서는 그린웨이 요원이 하는 정치가 무엇인지 알 길이 없다. 하지만 나는 그녀가 최근에 FBI에서 퇴직한 후 그 즉시 반부패행동센터AntAC 이사회의 이사가 되었다는 것을 안다. 그것이 보수를 받는 직책이라고 추정한다면 그린웨이는 이제 그녀가 좋든 싫든 소로스 도당의 일원이다.

반부패행동센터는 미국에서 교육을 받은 변호사 다리아 칼레뉴크Daria Kaleniuk가 운영한다. 예상하겠지만, 그녀는 EU와 미국, 영국, 네덜란드, 체코 정부, 그리고 글로벌 펀드Global Fund가 센터에 재정적 지원을 제공했다고 언급하며, 그녀의 조직을 거침없이 옹호해왔다. 그것은 틀림없는 사실이겠지만, 그렇다고 그것이 미국의 제일가는 정치적 후원자의 힘이나 영향력을 감소시키지는 않는다. 실제로 반부패행동센터는 웹사이트에 다음과 같은 방식으로 기부자들의 목록을 밝히고 있는데, 겉으로 봐서는 액수가 큰 조직들 순으로 나열한 것처럼 보인다.

1. 미국 정부
2. EU 및 회원국 정부
3. 사적인 국제 펀드들
4. 기업과 개인들의 자선 기부액

이것만 보면 소로스 재단의 기여도가 가장 미미한 것처럼 보인다. 하지만 이것은 오해의 소지가 있는데, 소로스 재단은 기부액이 예산의 17%를 차지했던 2019년을 포함해 여러 해에 걸쳐 수백만 달러를 기부한 바가 있기 때문이다. 칼레뉴크가 언급한 여섯 개의 조직이 소로스만큼 기부했다면—6 곱하기 17%—그 합은 102%가 된다. 심지어 그 합산액은 소로스의 기부를 포함하지 않은 것이다. 이 모든 것은 소로스로부터 거리를 두려는 반부패행동센터의 노력을 말해준다.

백악관 출입 기록에 의하면 칼레뉴크가 2015년 12월 9일에 백악관을 방문했다는 것은 사실이다. 이 점은 매우 중요한데, 들리는 바에 따르면 그곳에서 그녀는 국가안전보장회의(National Security Council, NSC)에서 일하는 CIA 직원 에릭 시아라멜라^{Eric Ciaramella}를 만났다. 백악관에서 회의를 가진다는 것은 쉬운 일이 아니다. 분명 연줄이 필요한 일이다. 칼레뉴크는 어떻게 그럴만한 자격을 얻었을까? 누가 그녀에게 문을 열어줬을까? 그녀는 왜 시아라멜라를 만났을까? 우리는 알 수 없다. 하지만 시아라멜라가 우크라이나에 큰 관심이 있었다는 것만큼은 확실하다.

그는 매우 커다란 관심을 보였다.

이것을 어떻게 아는가? 양해를 부탁하건대, 나는 이야기를 너무 앞질러 가고 싶지 않다.

오바마 행정부의 백악관은 우크라이나 강박주의자들을 위한 비공식 클럽이었던 것으로 드러났다. 출입 기록들은 알렉산드라 찰루파가 백악관을 27번 방문했다는 사실도 보여준다. 그녀는 민주당전국위원회와 관련한 일을 하려고 그곳에 있었던 걸까? 그녀는 CIA의 시아라멜라를 만났을까? 시아라멜라는 그곳에서 주요 공모자들을 여러 번 만났던 것으로 드러났다. 이 책의 마지막 부분에서 그는 매우 중대한 역할로 다시 나타날 테니, 그의 이름을 잘 기억해두길 바란다.

2장

날조된 만남

나는 스파이게이트와 관련하여 논란이 된 장소를 한 번 더 언급하고자 한다. 그곳은 트럼프 타워 안에 있는 도널드 트럼프 주니어^{Donal} ^{Trump Jr.}의 사무실인데, 이곳에서 선거 캠페인이 러시아와의 은밀한 협조 아래 진행되고 있는 것처럼 보이는 '추정컨대 불온한 회의'가 개최되었다.

나는 비록 하나의 터무니없는 조작을 또 다른 조작과 나란히 배치하는 일이 쉽지 않다는 점을 인정하지만, 이것은 모든 비공식적인 '트럼프 제거^{Remove Trump}' 작전 가운데 가장 우스꽝스럽게 만들어진 '스캔들' 중 하나였다. 단언컨대, 그것은 사건으로 취급될만한 것도 아니었다. 4년이 지난 2020년이 되어서야 새로운 사실들이 밝혀졌고, 무엇 때문에 이 20분간의 만남이 무해한 것으로 취급되었어야 했는지 그 진실이 드러났다.

그럼에도 그 만남은 오히려 공모를 위한 증거로 제시되었다.

2017년 7월 8일로 돌아가 보자. 〈뉴욕 타임스〉는 이날 '트럼프 팀이 선거 캠페인 중 러시아 크렘린궁의 변호사를 만났다'라는 제목의 기사를 냈다. 그것은 그들만의 특징적인, 불필요한 우려를 자아내는 기사였다. 그 기사는 2016년 6월 9일에 러시아 변호사 나탈리아 베셀니츠카야Natalia Veselnitskaya와 도널드 트럼프, 폴 매너포트, 재러드 쿠슈너Jared Kushner 등 트럼프 선거 캠페인 중진들 사이의 만남이 트럼프 타워에서 이뤄졌다고 보도했다. 그레이 레이디[11] 선정주의자들은 또 '이 만남은 선거 캠페인 동안 러시아 국적의 인물과 트럼프 내부 인사들 사이의 첫 번째 비공개 만남'이라며 숨넘어갈 듯 떠들어댔다.

좌파 매체들이 보도한 기사의 의도는 다음과 같았다. '세상에! 이것은 언론에서 다룬 공모에 대한 모든 소문이 100% 사실일 수밖에 없다는 증거야!'

기사가 나간 지 이틀 만에, 도널드 트럼프와 베셀니츠카야 사이의 만남을 주선한 홍보담당자 롭 골드스톤Rob Goldstone은 그의 의뢰인인 러시아 팝 스타 에민 아갈라로프Emin Agalarov가 자신에게 도널드 트럼프와 베셀니츠카야와의 만남을 요청했다고 〈뉴욕 타임스〉에 제보했다. 그는 "그녀가 민주당전국위원회에 전해진 불법 선거자금에 대한 정보를 갖고 있다고 말하는 걸 들었다."고 회상했다.

결국, 다른 불리한 제보들도 언론으로 흘러들었다. '힐러리와 베셀니츠카야가 러시아와 맺은 거래를 유죄로 만들 수도 있는 몇몇 공식

---

11   그레이 레이디(Gray Lady)는 원래는 적십자사 소속 여성 자원봉사자들을 의미했으나, 지금은 신문사 〈뉴욕 타임스〉지를 비하하는 용어로 쓰인다. – 역자 주

문서와 정보'를 다급한 필체로 설명한, 골드스톤이 트럼프에게 보낸 이메일이 유출된 것이다. 골드스톤은, "이것은 분명 매우 높은 수준의 민감한 정보이지만, 러시아 정부의 트럼프에 대한 지지를 보여주는 사건입니다."라고 썼고, 공모자들의 작업에 이해할만한 흥미를 갖고 있었던 도널드 트럼프의 이메일 답변도 역시나 불리하게 해석될 여지가 있었다. "당신이 하는 말이라면, 뭐든지 다 좋습니다. 특히나 지금은 늦여름이니까요." 하지만 이것은 해야 할 일을 하는 선거 캠페인 리더의 모습일 뿐이었다.

트럼프 팀은 어떤 중요한 사항도 논의되지 않았다며 그 만남을 평가 절하했다. 7월 11일 골드스톤은 그 만남에 대해 "지금까지 들어본 것 중 가장 말도 안 되는 헛소리입니다. 그리고 나는 사실 그 때문에 흥분한 상태입니다."라고 말했다. 같은 날 도널드 트럼프는 골드스톤과 주고받은 이메일 내역 전부를 공개하며, 기껏해야 몇몇 반대 여론을 초래할 것으로 생각했음을 밝혔다. 그럼에도 그러한 부인과 투명성은 애써 무시되었고, 트럼프 팀 소속 인사들은 여러 차례에 걸쳐 공격을 받았다. 일부 비판자들의 눈에는 트럼프 선거 캠프가 외국 요원에게서 힐러리 클린턴의 흠결을 찾고 있는 것처럼 비추어졌다. 그들에게 베셀니츠카야가 무엇을 내놓으려고 했는지는 관심 밖이었다. 그것은 전직 영국 스파이였던 크리스토퍼 스틸Christopher Steele을 고용해 트럼프에 대한 흠결을 찾아내려고 했던 클린턴 측 선거 캠페인과 다를 것이 없었다. 하지만 공모라는 음모론을 진전시키기 위해 어떤 조그마한 증거라도 찾고자 하는 사람들에게 이것은 분명 러시아인과의 '공모' 가능성을 보여주는 증거였다. 가능성은 크지 않았지만 말이다. 만남에 대한 수많은 억측 속에서 쿠슈너와 매너포트가 그 만남이 시간 낭비였다는 문자를 주고받은 사실이 수면 위로 올라왔다. 그러나 그것만으로 진보 성향 매체들과 그들의 발작적인 연합군('트럼프는 절대 안 돼'라고 외치는 사람들)이 하늘이 금방 무너질 것처럼 호들갑을 떠는 것을 잠재우기는 역부족이었다.

사실로 드러난 바에 의하면, 그 만남은 정말로 시간 낭비였고 그곳에서는 어떤 부적절한 일도 일어나지 않았다. 그 만남에 동석자들이 몇 명 더 있었기 때문에 우리는 이것을 알고 있다. 그 가운데 한 명은 러시아 태생의 미국 시민인 아나톨리 사모초르노프Anatoli Samochornov였는데, 그는 머리디언국제센터Meridian International Center의 프로젝트 매니저로 일하는 가운데 유엔 주재 미국대표부에 파견되어 있었다. 사모초르노프는 트럼프 타워에서 열린 그 회의에 통역사 자격으로 참가했다.

2020년 3월 초, 다수의 FBI 302 양식 문서(FBI 요원들이 제공하는 인터뷰 요약본)가 기밀 해제되었다. 그중에는 사모초르노프와 FBI의 인터뷰 기록도 포함돼 있었다. 그는 트럼프 사무실에서 있었던 미팅에서 논의된 주제들 때문에 잃거나 얻을 게 없는 유일한 사람임이 확실했다. 그가 할 일은 미팅의 내용을 번역하고, 청구서를 제출하고, 돈을 받는 것이었다. 그는 2015년 10월부터 프레베존 홀딩스Prevezon Holdings라는 회사의 동결 재산과 관련한 민사 소송에서 나탈리아 베셀니츠카야와 함께 일했고, 그녀를 위해 진술 녹취록을 번역하기도

했다. 그러한 사업적인 관계를 제외하고는, 그는 누구와도 뚜렷하게 관계된 바가 없었다.

FBI의 요약문에 따르면, 요원들은 뉴욕주 로클랜드 카운티에 있는 사모초르노프의 집에서 그를 인터뷰했다. 그는 스스럼없이 응했으며 스카치 한 잔을 스스로 따라 마시기도 했다.

사모초르노프는 FBI 요원들에게 베셀니츠카야와 이전에 했던 일에 관해서도 이야기했다. 심지어 트럼프 타워에서의 만남이 있기 몇 시간 전에 이스트사이드에 있는 최고급 레스토랑인 넬로^{Nello}에서 식사를 했으며, 추후 만남에 대한 논의는 없었다고도 언급했다.

FBI 인터뷰의 핵심 내용은 다음과 같다.

> 사모초르노프는 다른 사안들에 대해서는 말을 할 수 없었지만, 2016년 미국 대선 때 러시아 정부와 트럼프 선거 캠페인 사이의 공모에 대한 논의는 없었다고 말했다. 사모초르노프에 따르면 스모킹건도 없었다. 힐러리 클린턴의 '흠결'에 대한 논의도 없었다. 사모초르노프는 힐러리 클린턴이라는 이름이 모임에서 언급되었다고 생각하지 않았다. 그는 베셀니츠카야가 힐러리 클린턴의 '약점'을 가지고 있다고 말하는 것도 듣지 못했다. 사모초르노프는 만남 동안 어떠한 자료도 제공하지 않았고, 어떤 문서도 교환하지 않았음을 밝혔다. 그가 알기로는 그 만남 이후에 다른 만남이 이어지지도 않았다.

다음 부분도 역시나 중요하다.

사모초르노프는 도널드 트럼프를 특별히 좋아하지는 않았지만, 최근 언론에서 나온 만남에 대한 설명은 정확하다고 말했다. 사모초르노프는 도널드 트럼프가 그 만남에 대해 설명한 것에 동의하며 "그는 진실을 말하고 있다."라고 덧붙였다.

FBI 인터뷰는 이 미친 음모론에 매료된 사람들에게 진실을 보여준다. 사모초르노프는 베셀니츠카야가 러시아 정부에 의해 고용되었다고 생각하지 않았지만, 그녀가 러시아의 검찰총장이나 전 교통부 장관인 피터 카치프Peter Katsyv와 연줄이 있을 것으로 생각하고 있었다. 한편 피터 카치프는 프레베존 홀딩스의 소유주인데, 세금 사기 문제로 590만 달러를 선고받고 있었다. 하지만 내가 위에서 발췌해 보여준 단락들은 기본적으로 이 스캔들이 마녀사냥과 속임수에 불과했음을 보여준다.

이야기가 흘러나온 지 며칠이 채 지나가기도 전에, 이 전체 사건에서 어느 주변 인물—트럼프를 특별히 좋아하지 않고 선거 캠페인을 위해 일하지도 않았다고 기록되어 있던 사람—이 힐러리 클린턴은 언급된 적 없으며 그녀에 대한 약점도 논의된 적이 없었다고 말한 것이다. 다시 말하자면, 그 만남에서는 공모의 흔적이 전혀 없었다는 이야기다.

없었다. 제로였다. 거기엔 아무것도 없었다. 아무것도.

한 글자씩 또박또박 적어보자. 공 모 는 없 었 다.

그렇다면 뮬러는 이것을 알고 있었음에도 왜 계속 조사를 했을까?

베셀니츠카야와 트럼프만이 이해할 수 있는, 러시아어와 영어로 된 '암호'가 있었다고 믿기라도 한 것일까? 혹은 모종의 '비밀문서'가 전달되었다고 의심했을까? 만약 그랬다 한들, 그 방에 있던 많은 사람들 가운데 아무도 그것을 알아차리지 못했다는 것이 가능한가? 전 CIA 관리 존 사이퍼 John Sipher와 같은 몇몇 사람들은 이것이 더 복잡한 작업을 위한 밑작업이었을 수 있다는 터무니없는 추측을 했다. 하지만 단언컨대, 추후 이어지는 만남은 없었다.

그렇다면 왜 '이야기'는 들불처럼 번져나갔으며 뮬러는 어째서 음모론자들이 지피는 들불을 끄려고도 하지 않았을까?

이에 답하기 위해서, 트럼프 타워에서의 만남이 있기 전날과 다음 날 밤에 베셀니츠카야와 식사를 했던, 어느 곳에나 빠짐없이 등장하는 우리의 주인공 글렌 심슨에게 돌아가 보자.

심슨과 퓨전 GPS는 러시아 변호사인 베셀니츠카야를 미국으로 데려와 함께 작업했다. 놀랍게도, 워싱턴 D.C. 늪의 유능한 쥐인 심슨은 그의 의뢰인이 트럼프 아들, 사위, 그리고 공화당 후보 선거대책위 의장과의 만남을 언급한 적이 없었다고 말했다. 전당 대회가 불과 열흘 앞으로 다가와 있던 시점이었다. 이쯤에서 나는 심슨을 전혀 신뢰하지 않는다고만 말해 두겠다.

글렌 심슨만큼 트럼프와 러시아 사이의 공모 이야기를 퍼트리는 데 공을 들일 사람은 없다. 그는 크리스토퍼 스틸을 돈으로 부리는 작자다. 폴 매너포트를 따라다니는 스토커다. 마이클 이시코프 Michael Isikoff와 같은 반트럼프 언론 사냥개들과 그가 연결되어 있다는 점은 잘 알려져 있다. 내가 앞선 장에서 지적했듯이, 그는 러시아 공모 이야기를 띄우려고 애쓰는 과정에서 퓨전 GPS을 통해 수백만 달러를 벌어들였다.

이를 염두에 두고 〈뉴욕 타임스〉가 어떻게 이 '말 같지도 않은 이야기'를 기사화한 것인지 그 뒤에 숨어있는 출처와 보도 타이밍을 살펴보자. 이른바 기록의 신문이라고 불리는 이 뉴스 매체는 트럼프 선거 캠페인을 암시하는 음모론들을 퍼트리는 일에 앞장서고 있었다. 하지만 그 보도는 어떤 결과도 가져오지 못했고, 단지 특별검사 로버트 뮬러의 무의미한 수사들을 떠들썩하게 홍보해주는 데 그쳤다. 트럼프 타워에서의 만남에 관한 기사가 대표적인 예다.

〈뉴욕 타임스〉에 설명된 이 모든 이야기는 비밀 정부 기록물에 바탕을 두고 있다. 누가 그런 기록과 인터뷰를 남겼겠는가? 틀림없이 '그것에 정통한 사람들'일 것이다.

그렇다. 이러한 광범위한 용어를 사용한 것은 〈뉴욕 타임스〉 기사의 출처가 '그 만남'의 참석자들일 수 있다는 가능성을 암시한다. '비밀 정부 기록물'은 이메일과 문자의 사본에 지나지 않을 수 있다. 실제로 첫 기사가 나간 후 며칠 만에 〈뉴욕 타임스〉가 골드스톤과 트럼프의 이메일 사본을 입수했다는 사실을 참작하면 그럴 가능성이 커 보인다.

〈뉴욕 타임스〉는 그간 사법기관 관련 채널들을 통해서만 확보 가능한 내부 정보를 얻는 것에 뛰어난 수완을 보여 왔다. 잘못된 방향을 지적하기 위해 '정부 기록물'을 사용하는 것이 아니라, 그 세부 사항들은 또다시 특검실이나 FBI, 혹은 둘 다 연관되어 있는 음모론으로 비화되어 우리의 이목을 끌었다.

그렇다면 왜 그런 기관의 정보원들이 이야기를 누설하려 했을까? 특히나 아무런 결말도 없는 이야기를 말이다. 누구도 유죄 판결로 끝나지 않는 기소 사실을 자랑하지는 않는다. 재판이 끝난 후 '음, 거의 잡을 뻔했어!'라고 말하며 건배하는 경우는 없다. 그런 점에서 볼 때, 이 이야기는 통째로 대국민 망신이었다.

그렇다면, '그 만남'의 요점은 무엇이었고, 1년 후 그 만남을 누설한 일의 전말은 무엇이었을까?

첫 번째 질문에서 출발해보자. 나는 내 팟캐스트에서 했던 말을 여기서 다시 한 번 말해 두고자 한다. 베셀니츠카야는 힐러리 클린턴과 관련한 그 무엇도 가지고 있지 않았다. 그녀는 힐러리에 대한 가짜 정보를 주기 위해 트럼프 팀에 있지 않았다. 그렇다고 진짜 정보를 주기 위해서도 아니었다. 만약 그녀가 나중에 밝혀지게 될 가짜 정보를 트럼프 팀에 주었다면, 트럼프 팀은 이것이 사기라는 것을 알아챘을 것이다. 베셀니츠카야의 유일한 목적은 그냥 그 장소에 모습을 드러내는 것이었다. 단지 그것뿐이었다. 그녀는 힐러리의 이름을 언급할 필요도 없었다. 트럼프 타워에 크렘린 궁과의 연줄이 풍부한 러시아 변호사가 있다는 사실이 언론의 구미를 당겼고, 그것만이 국가적 규모의 스캔들을 불러일으키는데 필요한 전부였다.

때마침 스캔들을 위한 장소, 인상적인 대사, 그리고 배역들이 있었다.

필요한 것은 베셀니츠카야가 트럼프 타워로 들어가는 사진이었다. 그리고 마술처럼-아브라카다브라!-공모 스캔들이 1면 머리기사를 작성하는데 필요한 모든 요소가 갖춰졌다.

"폭탄선언: 러시아 크렘린의 변호사, 트럼프를 만났다!"

(잠깐만! 공화당 전당 대회 직전임)

이것이 바로 정확히 벌어진 일이다.

통번역사 사모초르노프의 FBI 인터뷰 덕분에 우리는 '그 만남'이 트럼프 타워 스캔들의 시작이자 중간, 그리고 끝이었다는 것을 알게 되었다. 그러나 그것은 기사 하나의 가치도 갖지 않으므로, 그것이 촉발한 수천 개의 찌라시에 대해서는 신경 쓰지 말기를 바란다. 대신 그것은 〈뉴욕 타임스〉가 터트린, 가장 말 같지도 않은 기사들 가운데 하나로 남아있다. 20분 동안의 시간 낭비가 트럼프 행정부를 불안하게 만들려는 농담어린 시도로 전락했다.

누가 이 만남과 그것이 불러올 해로운 결과를 설계했을까? 베셀니츠카야는 트럼프를 불안하게 만드는 일에 적극적인 관심이 있던 두 조직과 계약을 맺었다. 한쪽은 러시아의 과두제적 집권층, 그리고 다른 한쪽은 과두제적 집권층이 싫었던 퓨전 GPS였다. 어느 쪽이든 만남을 부추기고 나서 피해가 확산하는 것을 지켜보기만 하면 되었다. 베셀니츠카야는 모범 시민은 아니었던 것으로 밝혀졌다. 2019년, 그녀는 자신을 미국으로 데려온 프레베존 홀딩스의 자금세탁 계획에 대한 연방정부의 수사를 방해한 혐의로 뉴욕에서 기소되었다. 베셀니츠카야는 NBC 방송 인터뷰에서 소련 정보부와 연계된 군부대와 함께 일했으며, 러시아 검찰총장 유리 차이카^{Yuri Y. Chaika}의 정보원이었음을 시인했다. 그녀는 프레베존에 이득을 준 공문을 쓰기 위해 증거를 조작하고 차이카의 검찰총장실과 협력한 혐의로 기소되었다. 만약 그녀에게 증거를 조작할 능력이 없는 게 아니라면, 가짜 전제를 기초로 한 모임에 참석하는 것은 그녀에게 충분히 가능한 일이다.

한편, 심슨이 손대는 모든 것은 어떤 식으로든 밖으로 새어 나갔다는 점에 주목할 필요가 있다. 그가 민주당전국위원회와 고용 계약을 한 것, 집권층에 대한 작업을 수행하기 위해 법무차관보 브루스 오어^{Bruce Ohr}의 아내인 넬리 오어^{Nellie Ohr}를 고용한 것, 크리스토퍼 스틸을 고용하여 문건을 펴내게 한 것들이 불과 몇 달 만에 언론에 보도되었다. 결과를 내기 위해 1년 내내 기다리는 것은 심슨의 스타일이 아니었다. 그는 워싱턴 D.C. 늪지대의 '왕'이었다.

심슨의 '고용주'인 베셀니츠카야와 그녀의 통역관 사모초르노프에 관한 사항이 한 가지 더 있다. 2017년 7월 13일자 뮬러 보고서 123쪽에는, 사모초르노프와 관련된—첫 번째 FBI 인터뷰 요약문이 나온 지 하루가 지난 후다—언급이 있다. 뮬러 보고서에 따르면, 베셀니츠카야의 후원자들이 사모초르노프가 베셀니츠카야가 만남과 관련해서 하는 말을 확증해주면 큰돈을 그에게 주겠다고 제안했다는 것이다.

> 구체적으로, 사모초르노프를 고용한 조직(베셀니츠카야와 프레베존의 소유자가 통제하는 반마그니츠키법 단체)은 사모초르노프의 소송비용 9만 달러를

지불하겠다고 제안했다. 베셀니츠카야와의 요청에 따라, 그 조직은 사모초르 노프에게 베셀니츠카야가 한 언론 인터뷰 녹취록을 보냈고, 사모초르노프는 자신이 베셀니츠카야의 말과 일치하는 진술을 해야만 그 조직이 자신의 소 송비용을 지급할 것으로 이해했다. 사모초르노프는 위증을 하고 싶지 않다며 그 제안을 거절했다.

이것이 바로 우리가 공모라고 부르는 것의 실체다. 언론이 이 사실 에 주목하지 않았다는 것은 심각한 일이지만 놀랍지는 않다. 그것은 글렌 심슨과 계약한 러시아 고용주가 FBI 수사를 방해하기 위해 일 하고 있음을 보여주는 사건이었다. 그것은 마치 사람들이 서로에게 진흙을 묻히려 드는 것과 같았다. 비윤리적인 림보 게임을 하며 누가 누가 얼마나 더 비열해질 수 있는가 겨루었다.

하지만 누가 이 사건 아닌 사건을 유출하고 확산했는가는 명확하 다. 이득을 본 사람은 스파이게이트를 만들고 도널드 트럼프에 대한 공모 사건을 구축하는 데 투자한 사람들이었다. 즉 러시아게이트 수 사를 감독하던 법무차관 로드 로젠스타인Rod Rosenstein과 그의 영웅 인 로버트 뮬러였다. 두 번째 이유는—이것이 이 이야기를 흘린 진 짜 이유인데—뮬러에게 그런 이야기가 필요했기 때문이다. 언론을 통해 나쁘게 들리는 주장들을 기사로 찍어 내고 방송함으로써, 그들 은 대중의 분노에 불을 지피기 위해 그럴싸한 표지와 기삿거리를 마 녀사냥의 불씨로 제공했다. FBI는 사모초르노프와의 인터뷰 끝에 결 국 공모는 없었음을 알게 되었다. 그러나 뮬러 팀은 이 증거를 감추었고, 오히려 트럼프 타워에서 열린 모임 참석자 전원에 대한 통신, 기록, 그리고 문서에 대해 압수수색 영장을 발부했다.

법무부 보도자료에 따르면, 뮬러는 '2016년 대선에 영향을 미치기 위한 러시아 정부의 노력에 관하여 이전에 확인된 FBI 조사를 감독하기 위해' 특별검사로 임명되었다. 2017년 7월 무렵, 그에게는 공모의 '확실한' 증거를 밝혀낼 수 있는 6주라는 시간이 있었다.

그러나 그는 그것이 꽤 복잡한 문제임을 알게 되었다.

이런 깨달음에 맞닥뜨린 뮬러 특검팀은 전력을 다했다. 말 그대로 허구인 트럼프 공모 스캔들이 워터게이트 이후 미국에 가장 큰 위협이라는 인상을 대중에게 심어줄 필요가 있었다. 그는 수사가 시작된 지 두 달도 채 지나지 않은 시점에 선거 캠페인이 통제 불능이라는 것을 증명한 것이다. 그가 사랑하는 FBI의 명성을 지키기 위해 그는 자신의 팀에 모든 수단을 동원하라고 말했다. 법조계 연금술사들처럼, 그들은 어떻게든 환상을 현실로 둔갑시키기 위해 법적 압력을 가할 것이었다. 러시아게이트와 관련된 1면 머리기사로만 보자면, 7월보다 더 뜨거운 달은 없었다. 그리고 벌어진 일은 다음과 같다.

트럼프 타워에서의 만남이 누설되자, 도널드 트럼프는 몇 개의 난처한 이메일을 공개해야만 했다. 그리고 수많은 선거 캠페인 관련 인물들과 러시아 저명인사들도 이제 검찰의 면밀한 조사 대상이 될 수밖에 없었다. 사람들의 입을 다물게 하는 가장 좋은 방법은? 자신들이 기소될 위험이 있다고 생각하게 만드는 것이다.

7월 26일, FBI는 동트기 전에 알렉산드리아에 있는 폴 매너포트의 집을 압수수색했다. 그것은 고약하고 강경한 수색이었다. 이미 매너 포트의 기록물을 입수하기 위한 소환장이 발부된 상태였다. 하지만 충격과 공포의 압수수색만큼 '우리는 당신이 유죄라고 생각한다'라고 말하는 것은 없다. 그리고 소환장은 FBI 재킷을 입은 요원들이 집에서 컴퓨터를 들고나오는 뉴스 영상만큼 드라마틱하지 않다.

다음 날인 7월 27일, FBI 요원 피터 스트르조크Peter Strzok와 FBI 변호사 리사 페이지Lisa Page 사이의 충격적인 문자메시지가 법무부 감찰관 호로위츠로부터 FBI의 앤드루 맥케이브Andrew McCabe 부국장에게 전달되었다. 그들이 주고받은 문자메시지들은 문건을 둘러싼 정보 세탁 작전을 암시했고, 트럼프 팀에 대해서는 FBI 수사관들이 아무런 물증도 가지고 있지 않다는 점을 뮬러가 이해할 수밖에 없도록 만들었다. 스트르조크는 "거기엔 아무것도 없었습니다."라고 했다. 이것은 사건이 실제로는 트럼프와 러시아 사이의 공모가 아니라 도널드 트럼프와 그의 선거 캠페인에 대한 첩보 작전을 벌이고 있는 사법부와 FBI 내부에 있는 몇몇 악성 인물들에 대한 것이었음을 의미했다. 맥케이브는 즉시 스트르조크를 뮬러의 조사팀에서 빼버렸다.

하지만 뮬러와 그의 팀은 더 단호하게 밀어붙였다. 같은 날 FBI 요원들이 공항에서 조지 파파도풀로스George Papadopoulos를 맞이하며 한 번 더 일을 벌였다. 독자 여러분들은 파파도풀로스를 기억할 것이다. FBI의 타임라인에 따르면 그는 러시아인들이 힐러리 클린턴에 관한 어떤 종류의 해로운 자료를 갖고 있다고 알렉산더 다우너Alexander Downer 전 영국 주재 호주 고등판무관에게 말했다고 알려짐으로써 '크로스파이어 허리케인 작전Operation Crossfire Hurricane'을 촉발시킨, 트럼프 선거팀의 최연소 고문이었다. 파파도풀로스는 그런 말을 한 기억이 없다고 주장했다. 전직 CIA의 자산이자 FBI의 정보원이었던 스테판 할퍼Stefan Halper에게 미인계용 스파이를 보낸 것을 포함하여, 일종의 범죄성 진술에서 파파도풀로스를 엮기 위해 정보원들을 이용하려는 FBI의 여러 노력들은 실패했다. 뿐만 아니라, 그를 표적으로 삼고 있던 FBI 스파이와 파파도풀로스 사이의 대화 녹취록이 2020년 4월에 모습을 드러냈을 때, 파파도풀로스가 러시아인들과의 공모 노력을 반복적으로 부인한 것처럼, 그 녹취록은 그의 무죄를 증명했다.

하지만 공항에서의 만남은 그를 꼼짝 못 하도록 만들기 위한 FBI의 마지막 술수였다. 파파도풀로스의 저서『딥스테이트 타깃Deep State Target』에 따르면, 수사관들은 반복적으로 그의 짐들을 샅샅이 뒤졌지만 수색 결과에 매우 실망한 듯 보였다. 그들은 파파도풀로스가 그리스에 남겨둔 현금 1만 달러를 찾고 있었던 것일까? 그가 그 돈을 신고하지 않고 국내로 들여와서 그 자신을 심각한 혐의와 많은 벌금에 처하게 할 것으로 생각했던 것일까? 여하튼 파파도풀로스는 체포되었다.

다음날, 뮬러 특검팀의 검사들은 늦은 시각에 으스대며 나타나 그들의 새 목표물을 고소했다. 그들은 FBI 요원에게 거짓말을 한 혐의와 사법 방해죄로 그를 기소했다. 뮬러와 그 일당은 파파도풀로스에게 트럼프 선거 캠페인의 구성원들을 배신하고 스스로를 구하라는 제대로 된 압력을 가하기 위해 훨씬 더 무거운 혐의로 그를 기소할 수 있기를 희망했다. 그러나 그가 현금을 소지하지 않고 공항에 나타났을 때, 그 모든 길은 막혔던 것이다. 때문에 혐의에 따른 체포가 신속하게 이어졌다.

같은 날 FBI 최고위급 변호사 제임스 베이커^{James Baker}가 러시아 게이트 정보를 언론에 유출한 혐의로 조사를 받고 있다는 소식이 전해졌다. 우리가 알기로는, 뮬러 특검팀은 같은 달 마이클 플린^{Michael Flynn} 장군과 그의 가족에게 처음으로 연락하고, 마이클 코헨^{Michael Cohen} 전 트럼프 개인 변호사를 예의주시하는 등 모든 수사망을 확대했다.

그러나 그해 여름의 모든 재미난 일 중에서도, 트럼프 타워에서 러시아 정보기관과 연줄이 닿아있는 실제 살아있는 러시아인과의 만남보다 더 유죄라는 인상을 빚어내는 일은 없었다. 매너포트에 대한 압수수색은 인상적이었다. 그것은 뮬러가 트럼프 측 선거대책위원장을 조여드는 듯한 인상을 줬다. 그러나 그것은 '트럼프의 아들과 사위가 힐러리 클린턴에 대한 정보를 얻기 위해 회의를 개최한 것'에 비하면 아무것도 아니었다. 그것은 공모를 증명하는 황금 티켓이었다. 비록 그런 일이 일어나지 않았음에도 불구하고, 특별검사팀 검사들은 그것이 트럼프 대통령의 삶을 훨씬 더 힘들게 할 것임을 알면서도, 그들이 입증할 수 없는 사건을 증명하게 하는 어떤 압력이 생겨나기를 기다렸다.

결과적으로 그 노력은 실패했다. 3천2백만 달러의 혈세를 그 공허

한 수사와 서사시적인 뮬러 보고서에 쓰고 나서도, 존재하지도 않는 증거에 동의할 수는 없었기 때문이다.

가장 큰 분노는 뮬러가 선거 캠페인 동안 일어났던 진짜 공모에 대해 기소하거나 심지어 소송을 제기하지도 않았다는 사실에 기인한다―클린턴과 민주당전국위원회가 퓨전 GPS를 이용하고, 공모 증거를 조작하기 위해 크리스토퍼 스틸을 고용한 것이야말로 그런 공모다. 문건의 확실성을 위해 러시아 정보원들의 도움을 받았다고 주장한 스틸의 문건은 트럼프 선거 캠페인이 클린턴을 해치기 위해 러시아와 협력하고 있다고 주장했다. 하지만 만약 여러분이 이 모든 것을 역으로 추론해보면, 클린턴 측 캠페인이야말로 트럼프를 해치기 위해 이 연구를 사용했다는 것이 확실히 드러난다.

앞서 나는 『혐의를 벗다』에서 스틸의 정보원에 대해 심각한 우려를 표명한 바 있었다. 2016년 10월, 그가 국무부 부차관보 캐슬린 카발렉Kathleen Kavalec과 가진 만남에서 밝힌 바에 의하면, 그는 러시아 스파이 거장 비야체슬라프 트루브니코프Vyacheslav Trubnikov와 푸틴의 친구 블라디슬라프 수르코프Vladislav Surkov가 정보원에 포함되어 있음을 언급했다. ―두 사람은 스틸을 죽을 만큼 미워했다.

감찰관 마이클 호로위츠의 2019년 보고서 역시 스틸의 엉터리 작업에 대해 비판적으로 기록했다. 보고서는 스틸의 주요 정보원이 제공한 정보를 스틸이 '잘못 인용하거나 과장했다'고 밝혔다. 그리고 한 가지 선정적인 주장을 했는데, 카터 페이지가 러시아 석유 대기업 로스네프트Rosneft의 일부 매각 과정에서 중개수수료를 받았다는 주장이 빠져 있었다는 것이었다.

감찰관의 보고서는 또 트럼프의 해결사 마이클 코헨이 러시아 해커들을 만나기 위해 프라하로 날아갔다는 스틸의 가짜 주장을 일축했다.

이 모든 거짓말과 소문들은 힐러리 클린턴에 해를 끼치지 않았다. 그것들은 트럼프에게 해가 되었다. 하지만 뮬러는 오늘까지도 스틸 문건을 인정한다. 그 문건은 뮬러 보고서에서는 거의 언급되지 않고 있다. 트럼프 타워에서 있었던 만남에 대해 13쪽에 걸쳐 주절주절 떠들어댄 뮬러 보고서는 결국, 아무런 일도 없었다고 결론을 맺는 것으로 끝났다.

3장

정체가 드러난 브레넌

CIA의 주요 임무는 미국 대통령과 고위급 정책 입안자들이 국가안보와 관련된 결정을 내리는 것을 돕기 위해 외국 정보를 수집, 분석, 평가하고 전파하는 것이다. 이것은 매우 복잡한 과정과 다양한 단계를 포함한다.

우선, CIA는 국가안보 문제나 이슈를 파악해 미국 정부에 보고한다. 테러 조직이 어떤 활동을 계획하고 있는지, 생화학 무기를 가지고 있는 나라들이 어떻게 이 무기를 사용할 계획인지와 같은 첩보 이슈를 조사하라는 지시를 받은 후, 그 문제에 대한 정보를 수집한다.

정보를 수집하는 방법에는 여러 가지가 있다. 외국 신문과 잡지, 라디오와 텔레비전 방송은 오픈된 첩보 소스나 다름없다. 인공위성은 우주에서 외국의 군사 기지에 얼마나 많은 비행기가 있는지와 같은 이미지를 촬영하고 이미지 분석가들은 이에 대한 보고서를 작성한다. 신호 분석가는 다른 나라들이 보내온 메시지의 암호를 해독하는 작업을 수행한다. 작전 관료들은 자국의 정보를 주려는 외국인들을 모집한다.

정보를 수집한 후, 첩보 분석가는 사용 가능한 모든 출처에서 나온 관련 정보를 취합하여 무슨 일이 왜 일어나고 있는지, 그리고 미국의 이익이라는 차원에서 그것이 어떤 의미를 갖는지를 평가한다. 이러한 노력의 결과는 서면 보고서와 구두 브리핑을 포함하는 완성된 형태로 미국 고위 정책 입안자들에게 제공된다. 그것은 정치적 편향성을 갖지 않는 시의적절하고 객관적인 자료다. ……CIA가 법 집행 기관이 아니라는 점도 중요하다. 그것은 FBI의 임무이다. 그러나 CIA와 FBI는 방첩 활동과 테러 방지와 같은 다수의 문제에서 함께 협력한다.

—CIA가 하는 일

오바마 행정부 시절 CIA 국장이었던 존 브레넌^{John Brennan}에 대해서는 설명할 것이 아주 많다.

전 CIA 국장인 그는 부끄러운 일이지만 그 스스로도 많은 반트럼프 트윗들을 올린 적이 있다. 그는 트럼프가 '푸틴의 호주머니에 홀려 있다'고 비난하고, 대통령의 헬싱키 기자회견이 '중범죄와 경범죄 문턱까지 오르내린다'고 비난해 왔다.

그러나 브레넌의 행동과 정치적 편견이 더욱 문제가 되는 것은 그가 언론에 러시아 정부의 담합 줄거리를 그토록 팔아댔고, 그의 조직이 이를 홍보하는 첩보를 수집하고 분석한 것에는 의문점들이 있기 때문이다.

2019년 5월, 윌리엄 바^{William Bar} 법무장관은 코네티컷주 연방검사인 존 더럼^{John H. Durham} 변호사에게 CIA의 러시아 수사의 근원을 조사하도록 지시했다. 더럼은 정보 기관들이 2016년 대선에서 트럼프가 힐러리 클린턴을 이길 수 있도록 '어떻게 러시아가 적극적으로 트럼프 측과 협력하고 도움을 제공하려 했는지'에 관심을 두고 있는 것으로 알려졌다.

더럼은 법무부 감찰관 마이클 호로위츠와 마찬가지로, 내가 내 팟캐스트와 이전 책들에서 기록으로 남긴 많은 갈등과 규약 위반, 그리고 권력 남용 등을 파헤치는 임무를 맡았다.

더럼의 임명 소식이 알려지자 브레넌은 그 일을 두고 '바보 같은 짓'이라고 했다. 그는 "지금 우리의 국가안보를 지키기 위한 분석적 판단과 CIA의 활동에 대한 범죄 수사가 이뤄지고 있는가"라고 물으며, "나는 2016년에 우리가 한 일과 관련해서 더럼 씨나 혹은 질문이 있는 다른 누구와도 이야기할 용의가 있다."고 말했다.

그가 얼마나 많은 이야기를 얼마나 정직하게 할지는 두고 볼 일이지만, 미국 최고 비밀 정보기관의 수장이었던 그는 국가안보라는 주장 뒤로 숨어버릴 가능성이 크다.

CIA 웹사이트에 안내된 것처럼, CIA와 FBI가 여러 가지 문제에서 협력한다는 구호에도 불구하고 브레넌의 CIA는 정보를 공유하지 않았으며, 실은 거짓된 공모 내러티브에 대한 지지를 얻기 위해 의심스러운 외국 첩보를 세탁하고 있었음을 시사하는 증거들이 많다.

정보 설계?

각종 보도에 따르면 2017년 1월 6일, 브레넌과 제임스 클래퍼James Clapper 국가정보국장이 감독한 정보기관평가서(Intelligence Community Assessment, ICA)가 더럼의 조사 목록상 우선순위가 가장 높았다. 이 문서에는 러시아의 전략적 이해관계와 관련된 공개 정보가 모두 모여 있다. 그것은 힐러리 클린턴에 대해 극도로 비판적인 러시아 언론 매체들과 정부 인사들을 기록하고 있었다. 더 두드러진, 하지만 널리 알려지지 않은 평가는, '미국 대선을 목표로 한 러시아의 캠페인은 러시아 사이버 작전을 통해 얻은 데이터를 공개하고, 미국 주와 지역 선거위원회에 침투해 노골적인 선전을 하는 것' 등으로 구성되어 있었다는 점이었다. 러시아의 정보 수집이 캠페인에 정보를 제공하고 영향력을 행사했다는 것이었다.

이어지는 것은 다음과 같이 상당한 자신감에 찬 결론이었다. '블라디미르 푸틴 러시아 대통령은 2016년 미국 대선에 영향력을 행사하기 위한 캠페인을 지시했다. 미국의 민주적 절차에 대한 국민적 신뢰를 떨어뜨리고, 힐러리 클린턴 국무부 장관을 깎아내리고, 그녀의 당선 가능성과 대통령이 될 수 있는 잠재력을 해치는 것이 그 영향력 행사용 캠페인의 일관된 목표였다.'

그러나 기록에 의하면 반대의 목소리도 하나 있었다. 국방부 국가안전보장국 국장인 마이크 로저스Mike Rogers 제독은 푸틴이 트럼프의 승리와 클린턴의 패배를 위해 적극적인 도움을 제공하려 했다는 결론에 대해 '중간 정도의 자신감'만 갖고 있었다. 로저스는 2017년 상원에서 "그런 결론은 동일한 수준의 출처들을 가지고 있지 않다."라고 말했다. "나는 이것을 서로 다른 세 개 조직들 사이의 의견 차이라고밖에는 볼 수 없다."

그러나 그 평가에는 CIA가 잊어버린 것 같은 진술도 한 단락 포함되어 있었다.

러시아의 영향력 행사용 캠페인은 본질적으로 다면적이며, 위장 작전들을 혼합해서 사용하기 때문에 부인이 가능하도록 설계되었다.

나는 강조를 위해 이 구절을 이탤릭체로 표시했다. 위장 작전은 대개 정교한 거짓 정보에 뿌리를 두면서 조직적으로 이뤄지는 방향 오도 캠페인이다. 예를 들어 에빌스탄^{Evilstan}이라는 이름의 나라가 있다고 하자. 만일 이 나라가 데모크로랜드와 피케노비아 사이에 전쟁을 일으키고자 한다면, 그들은 데모크로랜드 깃발로 위장하여 피케노비아 선박을 폭격할 수도 있다. 여기서 나쁜 놈은 에빌스탄이지만, 그들의 사악한 작전은 데모크로랜드를 나쁜 놈처럼 보이도록 만들기 위해 고안된 것이다.

설명하자면 이렇다. 위장 작전과 허위 정보 캠페인 사이에는 큰 차이가 없다. 둘 다 영향을 미치거나 원하는 결과를 얻기 위해 전략적인 거짓말을 포함한다. CIA와 FBI에는 의심의 여지없이 잘못된 정보가 떠돌고 있었다. 그것은 적극적인 허위 정보 캠페인의 결과일 가능성이 매우 컸다. 따라서 정보기관평가서가 이러한 가능성에 주목했으면서도, 명백한 허위 정보(스틸 문건)가 조사에 삽입되었을 때 이를 완전히 무시했다는 것은 매우 아이러니한 일이다. 내가 몇 년 동안 지적해 왔듯이, 스틸 문건은 인쇄된 종이만큼의 가치도 없었다. 감찰관 마이클 호로위츠는 검증되지 않은 스틸 문건이 트럼프 선거팀의 일원인 카터 페이지에게 발부된 FISA 영장을 정당화하는 데 사용되었다는 것에 비판적인 입장이었다.

2020년 4월, 호로위츠 보고서에서 새롭게 기밀 해제된 각주들은 FBI가 스틸 보고서의 주장들이 러시아에 의해 심어졌을 수 있다는 경고를 받았음을 보여주었다. 그 세부 사항들은 놀랍고 충격적이어서, 그 문건의 상당한 부분이 의심스럽다는 것을 확인시켜주었다.

> 스틸이 여러 러시아 집권층과 자주 접촉하는 내용이 담긴 스틸의 델타 파일 12 정보와 더불어, 우리는 크로스파이어 허리케인 팀이 [편집된 부분]으로부터 러시아의 허위 정보가 스틸 보고서에 영향을 미쳤을 가능성을 나타내는 보고를 받았다는 사실을 확인했다. 2017년 1월 12일자 보고서는 마이클 코헨의 활동에 대한 내용 중 부정확한 부분을 개략적으로 설명하는 [편집된 부분]에서 나온 정보를 중계했다. [편집된 부분]은 신뢰하기가 어려웠으며, 참조된 내용은 미국의 대외 관계를 깎아내리기 위한 러시아의 허위 정보 캠페인의 일환인 것으로 평가되었다……

스틸이 러시아 정보기관(RIS)에게 속았다는 주장이 트럼프 취임

---

12 차이점만 추출한 파일을 델타 파일이라고 한다. 즉 A라는 파일과 B라는 파일을 비교 분석한 후, 다른 부분만 추출하여 생성한 파일이 델타 파일이다. – 역자 주

직후 다시 수면 위로 올라왔다. '2017년 1월 말 크로스파이어 허리케인 팀의 한 팀원이 러시아가 오르비스^{Orbis}사(스틸의 회사)를 목표로 했을 수 있다는 정보를 [편집된 부분]에게서 받았다'라고 각주 342번은 밝혔다. 더 나아가 2017년 6월 USIC 보고서에는, RIS 소속 두 명이 1년 여 전부터 이미 스틸의 선거 관련 조사에 대해 알고 있었다고 적혀있었다. 정보 분석 감독관은 또, 2017년 6월을 기준으로 스틸의 네트워크가 침투를 당했거나 손상되었다는 징후는 보이지 않았다고 우리에게 말했다.

위 진술은 이 모든 것이 얼마나 우스꽝스러운 쇼였는지를 보여준다. 그것은 마치 오른손이 무엇을 하고 있었는지 왼손이 전혀 알지 못하는 상태나 마찬가지였다. 이 주장과 모순되는 각주 211번에는 스틸의 작전이 위태로워졌다는 첩보가 뮬러 특검의 수사 초기인 2017년 6월에 도착했다는 내용이 담겨 있었다. "2017년 6월부터 나온 민감한 정보원 보고는 러시아의 집권층 1호 인물이 스틸의 선거 조사를 2016년 7월 초부터 알았을 가능성이 있음을 지적했다."

감독관이 그 보고를 놓쳤거나 잊어버렸을 수도 있다. 하지만 스틸의 작전이 러시아인들의 표적이 되지 않았다고는 분명 말할 수 없다. 도를 넘는 터무니없는 주장과 불분명하고 특정하지 않은 출처들은 정보기관들로 하여금 그 문건이 가짜일 수 있다고 의심하게 했다. 그들은 러시아인들이 스틸에 대해 알고 있었다는 경고를 그냥 무시하기로 했다.

사실이나 의혹이 좋은 음모 이론을 방해하도록 내버려 둘 수는 없지 않겠는가?

스캔들 세탁

클래퍼, 브레넌, 전 FBI 국장 제임스 코미^{James Comey}, 그리고 로저스는 1월 5일 오바마 대통령에게 보고된 검증되지 않은 문건의 요약본을 정보기관평가서의 끝자락에 첨부하기로 했다. FBI와 CIA(감찰관 보고서는 한 문건 제보의 출처를 USIC이라고 했지만, CIA일 가능성이 크다)가 그 문건에 아마도 검증되지 않은 정보가 포함되어 있을 것이라는 말을 들은 사실에 비추어 봤을 때, 그러한 결정은 상상 이상으로 더 조잡해 보인다. 생각해보라. 러시아 정보기관이 만들어낸 소문은 스틸에게 떠먹여졌다. 그리고 힐러리 클린턴을 위해 일하는 정치 공작원들에 의해 고용된 스틸은, 이 상상의 산물을 FBI에 넘겨주었다. 감찰관은 보고서에 그 정보를 모른다고 주장하거나 그것이 루머와 풍자에 지나지 않았다고 주장한 실제 사람들의 말을 오히려 이를 뒷받침하는 근거로 내놓았다. FBI는 스틸의 보고서가 허위 정보일 수도 있다는 것을 알았다. 모두가 알았다. 하지만 그들은 어쨌든 그것을 보고서에 포함시켰다.

브레넌과 FBI는 결국 자신들도 모르는 사이에 러시아 정보기관에 속아 대통령 책상 위에 허위 정보를 올려놓게 된 것이다. 그야말로 한심하다.

그리고 그 결정은 트럼프의 대통령직을 거의 파탄 낼 뻔했다. 오바마에게 제출한 문건은—이후 내용에서 내가 설명하겠지만—한 묶음의 기만적인 거짓말에 합법성을 만들어주었고, 본질적으로는 스파이게이트 사건이 대중들의 입에 오르내리도록 만들어 트럼프의 대통령직 수행을 무력화시켰다.

2019년 스틸 문건이 완전한 쓰레기였음이 드러나고 수사의 출발 시점에 조사를 위해 더럼이 임명되자, 브레넌과 코미의 지지자들은 그들의 상사를 감싸기 위해 과도하게 반응하기 시작했다. 익명의 CIA 요원은 브레넌과 클래퍼가 '스틸 문건을 정보 보고서에 포함해야 한다는 제임스 코미의 권고에 반대했다'라고 주장하며 코미에게 책임을 돌렸다. 한편 〈폭스 뉴스〉도 2016년 말 코미 전 국장이 브레넌과 주고받은 일련의 이메일들은 그가 FBI 관계자들에게 스틸 문건이 보고서에 포함되어야 한다고 말했음을 보여준다고 보도했다. 트럼프에 대해 독한 말을 쏟아내는 브레넌의 공격적인 언사로 미루어 볼 때, 그는 문건의 최대 지지자였을 가능성이 가장 크다. 문건 지지자가 브레넌이었다는 유력 증거들이 그 밖에도 있는데, 상원 외교위원회 위원인 랜드 폴Rand Paul과 전 하원 법사위원회 위원장인 트레이 가우디Trey Gowdy의 진술이 이를 뒷받침한다. 그렇다면 CIA는 FBI가 몰랐던 그들만의 비밀 채널을 가지고 있었다는 것은 믿을 만한 이유가 된다. FBI의 자칭 반트럼프 요원들은 이 사실을 발견하고는 충격을 받았고, 그들의 은밀한 상대편인 CIA 요원들이 대통령 후보를 비방하는 게임을 하고 있음을 확신하게 되었다.

이것은 세 정보 기관이 얽힌 복잡한 이야기로, 그 줄거리는 다음과 같다.

1. CIA는 어떻게 '공모'로 추정되는 것을 알았으며, 브레넌은 어떻게 이 이야기를 의회와 오바마 행정부 인사들에게 내밀었는가.
2. FBI의 불륜 커플인 변호사 리사 페이지와 방첩 감독관 스트르조크 사이의 문자는 CIA가 사실이 아닌 공모 이야기를 밀어붙이고 있다는 것을 어떻게 보여주었는가.
3. 리사 페이지의 증언은 브레넌 팀이 이야기를 만들어내기 위해 그들만의 작전을 수행했음을 어떻게 보여주는가.

브레넌의 어리석은 행동

존 브레넌이 CIA를 떠나 오바마 행정부의 '트럼프는 절대 안 돼' 그룹의 광적인 지지자가 되기 약 일 년 전인 2015년, 〈가디언〉은 그의 조직이 '트럼프와 연계된 인물로 의심 가는 러시아 요원'에 대한 첩보를 입수했다고 보도했다.

몇 달 뒤인 2016년 4월, 〈BBC〉는 '러시아의 돈이 미국 대통령 선거운동에 흘러들어간다는 첩보가 브레넌에게 전달되었다'고 보도했다. 당시 트럼프는 공화당 대통령 후보 지명을 거머쥘 수 있는 유력 후보였다. 이런 보도는 수정되거나 철회된 적이 없으며, 브레넌은 증언을 위해 출석한 의회에서 그 보도를 거듭 확인해주었다.

그는 하원 정보위원회에 출석해 "나는 러시아 당국자와 트럼프 선거 캠페인과 연관된 미국인들 사이의 접촉을 알고 있었고, 그런 미국인들을 매수하려는 러시아 측의 노력을 알고 있었기에 우려를 하고 있다."고 말했다.

그는 '러시아가 과연 그런 인사들의 협조를 얻어낼 수 있었을까하는 의문이 떠올랐다'며, 그런 공모가 있었는지는 모르겠다고 말했다.

우리는 정확히 누가 이 정보를 제공했는지, 그 구체적인 내용이 무엇이며, 전달 시기는 언제였는지를 여전히 모른다. 브레넌은 이 정보를 공유한 적이 없기 때문이다. 그러자 몇몇 후보들이 등장했다. 정보요원들은 외따로 존재하지 않는다. 그들은 여러 하위 부서들을 가진 큰 조직의 일부다. 많은 요원은 민간 부문으로 진출하는데, 정부기관과의 연줄을 유지하는 것으로 그들의 가치를 높인다. 하지만 그것은 늪으로 향하는 길이다. 독자 여러분들은 아래 사실들을 읽으며 그 점을 명심하길 바란다.

- 2016년 6월, FBI는 알렉산더 다우너 영국 주재 호주 고등판무관의 보고를—5월에 있었던 런던에서의 만남에서 트럼프 고문인 조지 파파도풀로스가 그에게 러시아인들이 힐러리 클린턴을 무너뜨리는 데 사용할 자료를 가지고 있다고 말했다는 보고—알고 있었다고 주장했다(다우너와 파파도풀로스가 만난 다음날인 5월 11일, FBI 수사관 스트르조크와 FBI 변호사 리사 페이지가 주고받은 문자 때문에 나는 FBI가 다우너와의 만남에 대해 훨

씬 더 일찍 알았을 가능성이 있다고 믿었다). FBI의 공식 타임라인에 따르면, 이 때문에 2016년 대선에 끼친 러시아의 영향력을 수사하는 '크로스파이어 허리케인 작전'이 시작되었다.

- 2016년 6월, 전 MI6 러시아 전문가 크리스토퍼 스틸은 퓨전 GPS의 글렌 심슨에 의해 '선거 작업'을 수행하도록 채용되었다. 문건의 처음 시작은 2016년 6월 20일이었다. 일 년 전, 러시아어를 할 줄 아는 넬리 오어^{Nelli Ohr}라는 전 CIA 분석가가 심슨에게 접근했다. 그는 그녀를 채용했다.

- 스틸은 2016년 7월 30일, 메이플라워 호텔에서 자신의 친구인 법무부 소속 브루스 오어^{Bruce Ohr}와 그의 아내 넬리 오어를 만나 아침 식사를 하며 문건에 대해 브리핑을 했다.

- 7월 초 스틸은 이탈리아 로마에서 FBI 연락책인 마이클 개타^{Michael Gaeta}와도 자신의 작업을 공유했다.

- 2016년 12월 3일, 스틸과 함께 오르비스^{Orbis}라는 기업을 시작한 전 영국 요원인 크리스토퍼 버로스^{Christopher Burrows}는 스틸과 런던의 한 고급 클럽 개릭^{Garrick}에서 MI6 소속 당시 그들의 전 상사였던 리처드 디어러브 경^{Sir Richard Dearlove}을 만났다. 그곳에서 그들은 디어러브에게 문건 사본을 한 부 제공했다. 글렌 심슨에 따르면 디어러브는 이 문건을 읽은 뒤 신빙성이 있다고 말하면서 "영국 정부가 러시아와 트럼프 선거 캠페인 사람들 간의 관계에 대해 의구심을 가지고 있음을 이미 알고 있다."고 말했다.

- 디어러브는 FBI의 정보원이기도 한 스테판 할퍼의 친구이자 동료다. 디어러브와 할퍼는 모두 전직 MI6 요원들이 설립한 전략 정보 회사인 해클루트^{Hakluyt}와 관계를 맺고 있었다. 알렉산더 다우너는 2014년까지 해클루

트 자문위원회에서 일했다.

- FBI는 할퍼를 활용했는데, 그는 카터 페이지와 조지 파파도풀로스 둘 모두에게 친구로 접근해, 그들을 감시했다. (할퍼는 또한 마이크 플린Mike Flynn의 몰락에 관한 장에서 크게 주목받으므로, 그를 잘 기억해두길 바란다. 이 스캔들 축제에서는 거의 모든 이들이 서로 연관되어 있다.)

- 이 모든 사실은 한 가지 결론으로 우리를 이끈다. 정보기관평가서가 제출되기 몇 달 전, CIA가 스틸의 허위 보고서를 포착할 수 있는 여러 가지 경로가 있었다는 사실 말이다. 우리는 브레넌이 익명의 외국 정보통으로부터 정보를 얻고 있었다는 것을 알았다. 하지만 그러지 않았다 하더라도, 이 허위 정보는 다름 아닌 스틸에 의해 널리 유포되고 있었다. MI6와 더는 공식적으로 얽혀이지 않았던 디어러브는 스틸이 그에게 보여주기도 전에 이미 스틸의 공모 관련 시나리오를 들어본 상태였다. 스틸과 고용주를 공유했던 넬리 오어는―그가 아침 식사를 하며 했던 브리핑은 물론이고―소속된 회사와 다수의 연결고리를 갖고 있었다. 스틸이 퍼트리고 있던 루머가 갖는 폭발적인 성격과 호주, 영국, 그리고 다른 정보기관들이 '파이브 아이즈Five Eyes[13]' 합의에 따라 미국 정보기관과 수시로 정보를 공유하고 있다는 점을 감안하더라도, 문건에 대한 뉴스가 브레넌의 귀에 들어가지 않았다는 것은 거의 불가능에 가깝다.

---

13   파이브 아이즈(5개의 눈)은 상호 첩보 동맹을 맺고 있는 영국, 미국, 캐나다, 호주, 뉴질랜드 5개국을 이르는 말이다.

민주당전국위원회가 러시아 해커들의 공격을 받았다고 〈워싱턴 포스트〉가 처음 보도한 지 두 달 가까이 지난 2016년 8월, '트럼프는 절대 안 돼' 파의 CIA 국장 브레넌은 미국 의회 소속 8명의 중진 의원들을 불러 모았다. 그의 편집증이 최고조에 달했던 시점이었다. 〈뉴욕 타임스〉 보도에 따르면 그는 당시 최고위급 민주당 상원의원 해리 리드Harry Reid에게 브리핑했고, '11월 선거에서 트럼프 대통령의 승리를 돕기 위한 목적으로 러시아의 해킹 행위가 있었다'고 언급했다. 또한 '트럼프 대통령 쪽 익명의 보좌관들이 선거에 개입하기 위해 러시아인들과 협력하고 있을 가능성이 있음'을 브레넌이 시사했다고 보도했다.

브리핑을 받은 네바다주 상원의원 리드는 8월 27일, 제임스 코미 FBI 국장에게 보내는 서한을 작성해 공개했는데, "러시아 정부와 도널드 트럼프의 대선 캠프 사이에 직접적인 연관성이 있다는 증거가 계속 쌓여가고 있다."며 경고했다. 그는 또한 FBI 국장에게 선거 개입 가능성을 조사하기 위해 "가능한 모든 수단을 동원하라"고 촉구했다.

브레넌은 뉴스 사이클을 주도하는 인과적 메커니즘을 이해했다. 곧이어 '늪'의 시민들이 선거 캠페인에 '공모의 그림자'를 드리우는 편지를 쓰고 성명을 발표하게 될 것이었다. 정확하게도, 그 브리핑은 트럼프에 대한 압박을 증폭시켰다. 의회의 공식 수다쟁이인 캘리포니아 출신의 다이앤 파인스타인Dianne Feinstein 상원의원과 애덤 시프 하원의원은 공동성명에서 브레넌이 띄운 공격을 예상대로 크게 키웠다. "받은 브리핑을 토대로, 우리는 러시아 정보기관들이 미국 선거에 영향을 끼치기 위해 심각하고 일치된 노력을 기울이고 있다는 결론을 내렸습니다."

브레넌의 날조된 트럼프 때리기는 클래퍼, 코미, 브레넌, 그리고 당시 NSA 국장 마이클 로저스^{Michael Rogers}가 오바마 대통령에게 정보기관평가서 관련 내용을 브리핑하면서 최고조에 달했다. CIA와 FBI가 그 문건을 공유했고, 스틸 문건을 정보기관평가서에 포함할 것인지를 두고 많은 내부 논쟁이 일었다. 코미의 충성파 앤드루 맥케이브는 감찰관의 보고에 따라 이를 포함해야 한다고 강하게 주장했지만, CIA의 한 분석가는 "그들은 스틸의 선거 관련 보고서가 완전히 검증되지 않았기 때문에 본문에 포함될 가치가 없다고 믿었다."고 말했다. 코미는 그 결정을 이런 식으로 기억했다.

나는 방금 클래퍼와 브레넌, 그리고 [당시 NSA 국장] 로저스와의 회의에서 그 문건이 믿을만 하고 우리의 다른 정보와도 부합하는 것으로 판단한다는 말을 들었다고 생각합니다. 그들은 그것이 충분히 중요하고 일관성이 있다고 믿었기에, [부록]에 포함시키는 아이디어를 생각해 냈습니다.

브레넌은 그 나름대로 〈미트 더 프레스^{Meet the Press}〉라는 방송에 출연해 이렇게 말했다. "해당 문건이 공개되기 몇 개월 전부터 언론은 이미 이 비밀을 알고 있었습니다. 2016년 늦여름 당시 미국의 여러 뉴스 매체 사람들이 나에게 그 문건에 대해 물어왔는데, 나로서는 단편적인 이야기들을 들은 게 전부였습니다. 나는 그 안에 무슨 내용이 들어있는지 몰랐습니다. 나는 12월이 되어서야 그 문건을 보게 되었습니다."라고 말했다. 또한 그는 같은 인터뷰에서 스틸 문건이 정보기관평가서에 포함되지 않았다고 말했다. 그는 "나는 그 안에 무엇이 있는지는 물론이고 그것의 출처도 알지 못했습니다."라고 〈미트 더 프레스〉에서 말했다. "그리고 그것은 이후 오바마 대통령과 트럼프 대통령 당선인에게 제출된 정보기관들의 평가에서 어떠한 역할도 하지 않았습니다."라고 말했다.

감찰관 보고서에 나와 있는 추가 정보 뿐 아니라 코미가 말한 내용은 브레넌이 거짓말을 하고 있었음을 보여준다. 세 명의 정보 분야 전문가들과 이들의 표면적인 감독관 제임스 클래퍼도 대통령 당선인에게 정보기관평가서를 제출하기로 하고, 코미 국장을 지명해 문건에 묘사된 음란하고 터무니없는 성적 행위들을 트럼프에게 설명하도록 했다. "코미 국장은 다른 USIC 국장들도 트럼프가 이 정보를 보고받아야 한다는 데 동의했다고 밝혔고, 클래퍼 국장은 코미 국장이 소수의 사람을 모아놓고서 브리핑을 하거나 대통령 당선인과 단둘이서 이야기해야 한다고 판단했다."

그러므로 문건을 보고하기 위한 결정은 집단적인 노력이었다. 하지만 이 그룹에 속한 네 명 가운데 과연 누가 언론이 그 정보를 다루는 모습을 지켜본 전적이 있었을까? 로저스는 다른 사람들에 비하면 합창단 소년 수준에 불과했다. 코미 전 국장은 자신이 곤경에 처한 것을 알았지만, 공직에서 쫓겨난 후에야 그런 일을 하기 시작했다.

우리가 아는 한 브레넌만이 정보를 세탁하고 새어 나가게 하는 기술에 뛰어난 재능을 가지고 있었다.

스틸의 스캔들 문서가 트럼프에게 보고되자 난리가 났다. 그것은 확인되지 않은 루머를 언론이 보도할 수 있는 빌미를 제공했다. 그것은 〈버즈피드〉에게 환상으로 가득 찬 문건 전체를 공개할 구실을 제공했고, 마침내 분에 넘치는 아우라를 가진, 진실에 도전하는 쓰레기 한 조각이 탄생했다.

정보기관평가서는 활활 타오르는 스캔들에 단지 기름을 부은 것만은 아니었다. 많은 면에서 그것은, 스파이게이트 사건 전체를 터져 나오게 했다. 스틸의 공모 판타지는 트럼프의 대통령직을 파탄에 이르게 한, 황금시간대의 스캔들로 귀결되었다.

FBI의 연관성

브레넌이 〈미트 더 프레스〉에서 그 문건을 12월에 처음 봤고, 그것이 정보기관평가서에 반영되지 않았다고 주장했을 때, 그는 단지 거짓말만 한 게 아니라, FBI를 근본적으로 배신했다. 자신의 직원들이 해리 리드, 애덤 시프 그리고 의회의 다른 사람들과 공유한 선거 방해와 공모 관련 루머들의 진위를 결정하는 것은 FBI의 책임이었다고 말한 것이다.

미국 대통령 당선자에게 피해를 주기 위해 검증되지 않은 소문을 공유하고 퍼뜨리는 것은 물러나는 CIA 수장이 할 일이 아니다. 브레넌은 CIA 정책의 핵심인 허위 정보에 대한 경고를 잊었다.

정말 창피한 일이다. 소위 스파이계의 대부라는 사람이 속임수에 당했으니 말이다.

아니, 당한 게 맞기나 한 것인가?

그는 또다른 목적을 위해 확인되지 않은 소문을 퍼뜨리고 있었다. 스틸도 그랬다. 만약 스틸이 조작한 내용이 정보계 공식 성명으로 되어 브레넌이 그것들을 언급했었다면, 그리고 더 나쁘게는 브레넌이 실제로 스틸이 만나는 사람들과 접촉하고 있었다면, 두 남자는 서로의 소문을 증명하기 위해 효과적으로 일하고 있었던 셈이다.

코미나 해리 리드가 스틸의 거짓말로 가득 찬 문건에 대해 알게 되었을 때도, 그들에게는 그의 조잡한 우화가 사실이라고 생각할 충분한 이유가 있었다. 왜냐하면 그들 역시 CIA 수장으로부터 같은 말을 들었기 때문이었다.

두 정보원이 같은 거짓말을 한다고 해서 그 거짓말이 진실이 되는 것은 아니다. 그러나 두 명의 정보 전문가와 법 집행 전문가의 말이라면, 믿을 수 없는 것이 믿을 수 있는 것처럼 들리기 시작할 수도 있다. 그들은 서로의 거짓말을 뒷받침하며, 다양한 경로를 통해 거짓을 유통했다.

스틸과 브레넌은 FBI의 일을 더 어렵게 만들었다. 이제 우리는 애초에 왜 짐 코미와 로드 로젠스타인, 로버트 뮬러가 그 모든 공모 신화에 어떤 식으로든 한 자락의 진실이 있기를 기대했는지 이해할 수 있다. 허위 정보는 매우 설득력 있어 보일 수 있기 때문이다.

그렇다면, 러시아게이트의 핵심 인물이었던 두 명은—힐러리 클린턴의 변명의 여지가 없는 사설 이메일 서버 사용과 크로스파이어 허리케인 조사를 이끌었던 변호사 리사 페이지와 FBI 감독관 피터 스트르조크—결국 브레넌이 무얼 하려고 했는지 알아낸 사람들이었다고 보는 것이 타당하다. 분명히 말하지만, 불륜 커플이었던 페이지와 스트르조크도 이 이야기의 영웅은 못된다. 로버트 뮬러의 전문가 팀에 속해 있던 스트르조크는 감찰관 호로위츠가 트럼프를 비난하는 두 사람의 문자메시지를 조사한 후 팀에서 쫓겨났다. 페이지는 2018년 5월에 사임했고, 스트르조크는 같은 해 8월에 해고되었다. 그러나 2만 건이 넘는 그들의 문자메시지는 전체 러시아게이트 사태에 관한 흥미로운 통찰을 제공했다.

특히 스트르조크의 문자메시지는 사실 전체 수사를 요약해주었는데, 그것이 무죄를 증명하는 가장 강력한 증거를 제공했기 때문이다. 로버트 뮬러가 특검에 선임된 지 이틀 만인 2017년 5월 19일자 문자에서, 스트르조크는 뮬러 특검팀에 합류하는 것을 두고 서로 모순되는 두 가지 생각을 드러냈다. "당신과 나 둘다 승산이 없다는 것을 알고 있어. 만일 가능성이 있다고 생각한다면, 나는 틀림없이 팀에 합류할 거야. 하지만 내 육감 때문에 주저하는 것이고, 거기엔 큰 건수가 없다는 것이 염려스러워." 수개월 간 공모 단서를 추적하며, 아마도 실패작인 전체 수사의 근원과 루머에 대해 더 많은 걸 알고 있었을 사람인 그가 '큰 건수가 없을' 것으로 믿었다고 말했다.

다시 말하자면 범죄도, 음모도, 공모도 없었다는 것이다.

그 폭탄과도 같은 문자메시지로 분명히 알 수 있는 것은 스트르조크는 뮬러 특검의 수사가 분명히 대참사가 되리라고 생각했다는 것이다. 몇 개월 전 페이지에게 보낸 또 다른 문자메시지는 그가 다른 정보요원들이 게임을 하고 있다고 생각했음을 보여준다. 문자메시지의 내용은 다음과 같다.

> 우린 9월 19일에 보고를 받았어. [편집된 부분]이 8월 초에 받은 것 같아. 내게 보낸 [편집된 부분] 링크(lync) [내부 메시징 서비스]상의 대답을 보면 그가 그것들을 그들에게 알려줬는지 확실치가 않아. 하지만 [편집된 부분]와 [편집된 부분]은 [편집된 부분]과 대화를 나누었어. 이건 그들의 실수를 상기시키는 문제가 아니야. 난 그들이 모르더라도 상관없어. 그저 누가 두 손으로 하늘을 가리는 짓을 하고 있는지 알고 싶을 뿐이야.

여기서 스트르조크가 말한 내용을 일부 설명하고자 한다.

'우리는 9월 19일에 전체 서류를 받았다. 정보기관에 소속된 누군가가 (브레넌이 의회에다 말을 퍼트리기 시작한 때이다) 8월 초에 정보를 얻은 것 같다. 스틸이 CIA에 말을 했는지, 했다면 언제 했는지와 관련해서 정보원이 정확히 알고 있었는지는 확실치 않다. 하지만 다른 두 명의 FBI 요원[아마도 이탈리아에 있는 스틸의 FBI 연락책일 것이다]은 그 사실을 밝힐 수 있을 것이다. 스트르조크는 결국 모든 사람이 사전에 알고 있었다는 점을 부인할 것이며, CIA가 그런 정보를 가지고 있었다는 것을 증명할 방법은 없을 것이라고 말할 것이다. (모든 정보기관의 정보는 비밀로 분류되기 때문이다)'

이에 대해 더 설명이 필요한 사람이 있다면, 감찰관의 보고서를 읽어 보길 권한다. 그 보고서에는 '크로스파이어 허리케인 팀은 2016년 9월 19일, 처음으로 여섯 개의 선거 보고서를 받았다. 이것은 스틸이 여섯 개의 보고서 중 두 개를 요원에게 처음으로 준 지 두 달 이상이 지난 뒤였다'라고 적혀있다.

스트르조크의 문자메시지에 따르면, 그는 누군가가—아마도 브레넌이—8월에 보고서를 받았다고 확실히 믿고 있었다.

감찰관 보고서는 또 "스틸은 2016년 7월부터 10월까지 자신의 보고서 12건 이상을 FBI에 직접 제공했고, 그 외 여러 건은 브루스 오어를 통해 FBI와 다른 제3자들에게 제공했다."고 명시했다. 다른 제3자는 누구였을까? 그들 중 누군가는 CIA와 관련이 있었을까?

스트르조크가 왜 2016년 10월 13일에 이 모든 것에 대해 이야기했는지는 좀더 어려운 질문이다. 그러나 10월 초는 FBI가 카터 페이지에 대한 FISA 영장 신청을 위해 서류를 준비하고 있었던 시점이다. 그 서류는 크로스파이어 허리케인 작전을 위해 필수적이었는데, 영장이 있어야만 페이지와 접촉한 사람들을 더 넓은 범위에서 감시할 수 있기 때문이었다. 그 신청 서류는 영장을 발부할 수 있는 설득력 있는 증거로 스틸 문건을 인용했지만, 그것이 검증되지 않은 완전한 허구라는 사실은 애써 무시했다. 추측컨대, 의심스러운 스틸 문건은 모든 사람의 마음 중심부에 불편하게 자리했을 것으로 보인다. 특히 어느 순간 수사 전반에 대해 의구심을 품었던 피터 스트르조크라면 더더욱.

브레넌에게 타격을 가하는 마지막 증거는 스트르조크의 애인인 리사 페이지가 2018년 7월 16일 하원 법사위원회에서 한 증언에서 얻을 수 있다. 페이지와 나눈 메시지에서 전 하원의원 마크 메도우스 Mark Meadows는 브레넌과 해리 리드 사이의 만남을 언급하며, 법사위원회가 브리핑에서 해리 리드에게 그 문건이 언급되었음을 보여주는 문서를 가지고 있다고 말했다.

페이지는 이 폭로에 놀라움을 표시하며, 다음과 같이 설명했다.

"브레넌 국장이요? 글쎄요. 우린 그 정보를 우리 정보원에게서 얻었고 FBI도 우리 정보원으로부터 그 정보를 입수했습니다. CIA에게 또 다른 정보원이 있었다고 한들, 나는 그에 대해 알지 못하고 CIA가 그 정보를 우리에게 제공하지도 않았습니다."

메도우스가 '여러 정보원이 있다'라고 언급했을 때, 페이지는 다음과 같이 말했다.

"압니다. 나는 그 정보가 2016년 10월쯤 여러 곳으로 흘러 들어갔다는 걸 알고 있습니다. 하지만 CIA가 8월에 같은 보고서를 갖고 있었는지는 잘 모르겠습니다. 나는 그것에 대해 알지 못하며, 그들이 우리에게 그 보고서들을 제공했다고 믿지도 않습니다. 그랬다면 그것은 극히 이례적인 일일 것입니다."

만약 브레넌이 8월에 리드에게 그 문건을 언급했다면, 그것은 브레넌이 그 문건에 접근할 수 있었다는 것을 의미한다. 이것은 페이지에게 놀라운 일이었을 것이다. 왜냐하면 CIA가 그 문건을 입수했다면, 절대 FBI에 넘겨주지 않았을 것이기 때문이다.

이런 대화는 스트르조크의 문자와 함께, 명백한 허위 정보 캠페인에 뿌리를 둔 음모 이야기의 슈퍼 전파자는 브레넌이라는 가장 확실한 증거를 제공한다. 브레넌은 '정치적 편향에서 자유로운, 시기적절하고 객관적인 평가'를—이것은 이 장의 맨 처음에 인용된 문건에 따르면, CIA의 신념 중 하나다—제출하는 대신, 공모에 관한 성급하고 부정확하며 완전히 편향된 보고서를 제출했다.

메도우스와 하원 법사위원회가 리드의 만남에 대해 어떤 정보를 가지고 있었는지 알아보는 것은 매우 흥미로운 일이 될 것이다. 그리고 더럼이 무엇을 발견할지를 아는 것은 환상적인 일이 될 것이다. 한편, CIA와 관련이 있는 한 사람이 더럼의 수사를 담당할 변호사를 고용했다는 내용이 언론에 보도되었다.

그 사람은 누구일까?

4장

대규모
사이버 공격

2016년 7월 26일, 오바마는 '대통령 정책 지침 41호—미국 사이버 사건 협조'라는 문서에 서명했다. 이 문서는 '정부나 민간 부문이 관여하는 사이버 사건에 대한 연방정부의 대응에 관한 규칙들'을 규정한 행정명령이었다.

이 지침의 시기가 흥미롭다. 미국 정부와 기업들은 수십 년 간 온라인 상에서 외국 해커들로부터 적대적인 공격을 받아왔다. 미국의 데이터베이스, 기술 자산 및 자금은 20년 이상 표적이 되어 왔다. 사이버 전쟁은 실존하며, 미국에 지속적인 위협이 된다. 중국군은 한 사단을 대미국 강습 작전에 대비해 꾸려놓고 있다. 이란, 북한, 그리고 다른 반민주주의 국가들은 매일 미국의 자산에 대한 공격을 감행한다. 그들은 일반 시민들도 공격한다. 이메일 접속 공격은 신원 도용, 협박 및 여타 다양한 범죄들을 실행하는 데 사용될 수 있다. 2015년 4월, 미국 인사국은 중국 요원들에 의해 해킹을 당한 사실을 발견했다. 중국 해커들은 2천만 명 이상의 미국인에 대한 신원 조사 자료를 빼돌렸다. 나는 피해자 명단에 있었기 때문에 그 사건을 생생히 기억하고 있다. 내가 비밀 경호국 요원으로 근무할 때의 정보가 도난당했던 것이다. 불과 5개월 전인 2014년 11월, 북한 해커들은 소니 엔터테인먼트 픽처스 사에 심각한 공격을 감행해 데이터를 지우고, 온라인으로 영화를 배포하고, 기밀 정보와 이메일 리스트를 유출했다.

왜 오바마는 이런 끔찍한 공격에도 불구하고 2015년에 지침을 발표하지 않았을까? 무능력하거나 무지했기 때문일까? 아니면 다른 우선순위가 있었을까? 오직 그만이 이에 대답할 수 있을 것이다.

그러나 그가 마침내 지침을 발표했을 때, 그 이유가 분명해졌다. 그것은 러시아 해커들에 의해 민주당전국위원회가 디지털 방식으로 약탈당했다는 주장을 〈워싱턴 포스트〉가 보도한 지 6주가 지난 2016년 7월 무렵이었다. 해커들은 수개월 동안이나 민주당전국위원회의 이메일과 계획을 빼돌렸다. 민주당 내부 인사이자 힐러리 선거 캠프 의장이었던 존 포데스타의 개인 이메일 계정을 해킹하기 위해 기본적인 피싱 수법도 동원했는데, 그 접속 시기는 2016년 3월이었다.

오바마의 뒤늦은 지침은 〈위키리크스〉가 민주당 당직자들에게서 나온 44,053건의 이메일과 17,761건의 첨부파일을 공개한 지 정확히 나흘 후에 발표되었다.

이제 사건의 순서를 살펴보자. 2014년에 소니Sony사는 일시적으로 폐쇄되었고, 재무부는 사건이 있은지 3년도 더 지난 후에 몇몇 북한인들을 제재했다. 중국은 수백만 명의 공무원들을 협박하고 영향력을 행사하는 데 사용될 수 있는 개인정보를 훔치고 있었지만 오바마는 아무것도 하지 않았다. 그러나 민주당전국위원회(오바마 소속 당을 이끄는 엔진)가 러시아 요원들에 의해 해킹당했다고 알려지자, 비로

소 오바마는 마침내 회초리를 들 시간이라고 판단했던 것이다.

하지만 그것은 작은 회초리였다. 국가 자산을 보호하고, 도난당한 재산을 되찾고, 벌을 주는 일에 관한 한 결코 충분하지 않은 정도의 지침 말이다. 대신, 그 지침은 정부가 대규모 사이버 공격을 이제부터는 더 심각하게 받아들일 것이고(좋다, 고맙다!), 그 과정을 성문화하며, 더 나아가 연방정부의 역할과 책임을 명확히 하겠다는 것이었다. 그 역할은 다섯 가지 '사건 대응' 원칙을 준수하는 것을 의미했다. 증거 수집, 관련사건과 연계된 첩보 수집, 위협 추적 및 붕괴를 위한 기회 식별, 원인 제공자 적시 등 사이버 사건의 법 집행 및 국가 보안 조사를 수행한다.

사이버 해킹에 대한 공동 대응을 보장하기 위해 오바마는 다음과 같이 선언했다.

1. 중대한 사이버 사건에 최소한 국가 행위자가 연루될 가능성이 있거나 그것이 다른 국가안보와 연계될 수 있다는 점에서, FBI와 국가 사이버 수사 합동 태스크포스National Cyber Investigative Joint Task Force를 통해 활동하는 법무부를 위협 대응 활동을 위한 연방정부 차원의 주무 부처로 정한다.

2. 국가 사이버보안 통신 통합 센터National Cybersecurity and Communications Integration Center를 통해 활동하는 국토안보부를 자산 대응 활동을 위한 연방정부 차원의 주무 부처로 정한다.

3. 사이버 위협 정보 통합 센터Cyber Threat Intelligence Integration Center를 국가정보국장실을 정보지원 및 관련 활동을 담당하는 연방 주무 부처로 정

한다.

　지침의 섹션 III, 조항 D의 끝부분에는 사이버 수사관들이 해외 요원들과 협력할 수 있게 해주는 흥미로운 문장이 있다. "인터넷 및 통신 인프라의 초국가적 성격상, 미국은 사이버 사건들을 관리함에 있어서 적절한 경우에 국제 파트너들과 협조한다." 이것은 수사관들이 바랄 수 있는 한 가장 광범위한 단어로 규정된 권한이다. 그것은 다음과 같이 말하는 것과 다를 바 없다. 'FBI여, 나가서 외국 정보기관과 정부와 함께 일하라. 이제 여러분에게는 '감옥 탈출' 카드가 있고, 그 어떤 사이버 사건도 끝장낼 수 있다!'

　새로운 정책의 운영을 시작하도록 지명된 사람은 전직 FBI의 사이버 부서 수석보좌관이었던 앤터니 페란테^{Anthony J. Ferrante}였는데, 그는 오바마의 '국가안전보장회' 내의 사이버 사건 대응 국장이었다. 여러 보고에 따르면, 이 자리는 그를 백악관을 위한 FBI의 사이버 도관으로 만들었다.

　그것은 특정 내부고발자가 일했던 바로 그 '국가안전보장회의'다. 트럼프가 젤렌스키 우크라이나 대통령과 나눈 것으로 알려진 '대가 주고받기'식 대화에 겁을 집어먹고 전체 탄핵 참사를 촉발한 바로 '그 사람' 말이다. 이 내부고발자는 이 책의 마지막 부분에 나와 있듯이, 페란테와 마찬가지로 오바마 행정부에서 유임된 NSC 인사였다.

　페란테와 FBI 사이의 연관성은 흥미로운데, 대통령 지침 41호가 발표된 날 마침 두 개의 다른 사건들이 일어났기 때문이다. 7월 26일,

FBI는 트럼프의 고문인 조지 파파도풀로스가 러시아인들이 클린턴의 선거 캠페인에 악영향을 미치는 정보를 가지고 있다고 자신에게 주장했다는 알렉산더 다우너의 보고서를 외국 정보당국이 공유했다고 주장했다―그것은 파파도풀로스가 계속해서 부인해 온 주장이다. (다시 말하지만, 나는 이 점에 대해 매우 회의적이다. 다우너가 2016년 5월 초 파파도풀로스를 만난 다음 날 FBI 감독관 피터 스트르조크와 변호사 리사 페이지 사이에 오간 의심스러운 문자메시지는 FBI가 그 만남을 7월이 되어서야 알게 되었다는 이야기와 배치되기 때문이다.)

같은 날 스틸은 '러시아 정부의 여타 사이버 공격 범죄 작전의 개요'라는 부제를 단 '정보 보고서 086'의 초안을 작성했다. 이것이 민주당전국위원회에 대한 온라인 침투 뉴스가 전해진 후 작성되었다는 점을 고려하면, 어떤 세부 사항들이 그 보고서를 채웠을지 예상하는 것은 어렵지 않다.

대신 스틸은 빈 줄로 채워진 것과 다름없는 보고서를 전달했다. 아래 내용은 그가 찾아낸 단서이다.

> 러시아는 국가 지원 형태의 공격적인 사이버 작전 프로그램을 광범위하게 운영한다. 외국 정부와 대기업, 특히 은행이 주요 타깃이다. 러시아연방보안국(FSB)은 러시아 정부 조직 내 사이버 관련 부서다. FSB는 G7 정부, 보안 기관 그리고 국제금융기구(IFI)와 같은 주요 외국 타깃을 공격하는 것에서는 제한적 성공만 거두었지만, 기업 및 여타 러시아 방문자를 이용하는, IT 백도어(Backdoor)를 통한 부차적 등급 공격에서는 훨씬 더 많은 성공을 거두었다.

구글검색과 현대 스파이 소설 몇 권의 지식으로 무장한 고등학생이라도 이런 내용은 생각할 수 있을 것이다. 푸틴의 총애를 받았던 KGB의 자리를 대신한 FSB는 내부 보안과 스파이 활동을 담당한다. 그들은 외국의 정부기관, 기업, 그리고 은행을 타깃으로 삼는다. 그밖에 FSB가 침투하고자 하는 곳은 또 어디일까? 우리 동네 초등학교의 학부모 모임일까?

스틸의 보고서는 외국 사이버 요원들을 채용해 트로이 목마 바이러스를 심으려는 시도와, 컴퓨터와 플랫폼을 통제하기 위해 악성 소프트웨어를 퍼뜨리는 비디오 게임의 사용에 대해 언급한다. 놀라운 것은 특정적이거나 유용한 세부 정보가 없다는 사실이다. 진지하게 말하지만, 글렌 심슨과 로마에 상주하던 스틸의 FBI 연락책 마이클 개타는 이 전직 영국 스파이에게 환불을 요구했어야 했다. 그의 보고서는 하등의 구체적인 내용을 담고 있지 않았기 때문이다. 이것은 그 보고서가 유용한 정보를 전혀 제공하지 않는다는 것을 의미한다.

그것은 심슨과 FBI가 준비하고 있던 일련의 행동들에 추가되는 또 다른 경고음이었다. 민주당전국위원회 해킹 사건이 벌어져 조사가 필요했고, 크로스파이어 허리케인 작전이 정식으로 시작된 지 닷새밖에 지나지 않았으며, 스틸이 불명확한 사이버 정보들을 재빨리 추적하던 시점이었다. 스틸의 보고서가 태어난 지 삼 주밖에 안 된 애매한 환상이었는지는 중요치 않았다. 그것은 그저 트럼프와 그의 선거 캠페인에 대한 조사를 정당화하기 위해 완충재 역할을 한 것으로 충분했다.

그것은 입증되지 않은 증거들로 가득한 거짓말이었다.

지침 41호는 법무부에 '위협 대응 활동'을 주도할 것을 지시할 뿐만 아니라 FBI가 수사에 앞장서도록 권한을 위임했다. 그 지침은 어떤 의미에서 보면 민주당전국위원회의 선거 캠페인 간섭 시도에 스틸의 허위 사이버 정보가 더해진 것으로써, 트럼프와 러시아의 관계에 대한 수사에 가림막을 제공했다.

국가안전보장회의(NSC)의 사이버 사건 대응 및 사이버보안 정책 국장이자 오바마 대통령의 지침 41호 총괄책임자 앤터니 페란테는 2016년 대선 전후 백악관을 출입했다. NSC 소속이었음에도 그는 선거 캠페인 동안 진행되어 온 대첩보 수사의 내용을 알고 있었다. 그래서 그는 트럼프 행정부가 들어선 뒤에도 자리를 지켰던 것일까? 이 같은 상황이 트럼프 팀과 함께 일하는 동시에 특검 수사를 도울 수 있는 특별한 능력을 그에게 부여했는지도 모른다. 페란테가 FBI 국장 제임스 코미에게 직접 보고서를 전달했다는 추측이 있었다.

페란테는 NSC에서 두 명의 주인을 섬겼는지에 관한 질문에 여전히 답을 하지 않았다. NSC 관계자는 〈리얼 클리어 인베스티게이션스 RealClearInvestigations〉와의 인터뷰에서 페란테의 위치는 전례가 없는 것이었다고 말했다. "코미는 페란테를 위해 FBI 내 예비직을 신설했고, 그가 FBI와 지속적인 관계를 유지하면서 비밀정보를 취급하는 것을 허가하고 (본부로) 돌아올 수 있도록 했습니다." 그 관계자는 "페란테가 결국 백악관을 떠난 2017년 4월과 대선 사이에는, 트럼프 행정부의 NSC 부서장이 페란테를 내쫓을 수가 없었습니다."라고 주장했다.

페란테는 2017년 4월 백악관을 떠나 FTI 컨설팅(3,500여 명의 직원을 둔 국제 비즈니스 자문회사)의 전 세계 사이버보안 책임자 겸 상무이사로 취임했다. 하지만 보도 대상이 된 그의 첫 번째 일은 원래 하던 일과 매우 유사했다. 2017년 1월 10일, 불명예스럽게도 대중에게 공개한 스틸 문건의 신뢰성을 구축할 목적으로 그는 〈버즈피드〉에 의해 고용되었다.

장난스럽고 분별없는 기사들을 도배하는 것으로 유명했던 웹사이트 〈버즈피드〉는 스틸의 확인되지 않은 거짓말 전문을 출판하기 직전 러시아 기술 경영 간부인 알렉세지 구바레프Aleksej Gubarev가 제기한 막대한 명예훼손 소송 때문에 페란테를 고용했다. 구바레프를 민주당전국위원회 해킹 사건과 간접적으로 연관시키려는 다음과 같은 시도가 그 문건에 포함되어 있었기 때문에, 스틸의 창작물을 출판함으로써 〈버즈피드〉는 소송에 당당히 응할 수 있었다.

> …엑스비티/웹질라XBT/Webzilla라는 이름의 회사와 그 계열사들은 바이러스를 전송하거나 버그를 심고, 데이터를 도용하고, 민주당 지도부에 대한 '데이터 변경 작업'을 수행하기 위해 봇넷과 포르노 영상 거래를 사용해 왔다. 여기에는 알렉세지 구바레프와 관련된 조직들이 개입되어 있으며, FSB의 강압에 마지못해 동원된 해킹 전문가 세바 카프수고비치Seva Kapsugovich가 이 작전의 중요 인물이다.

"그들은 낸시 드류Nancy Drew, 백과사전 브라운Encyclopedia Brown, 셜록 홈스를 고용할 수 있습니다. 하지만 존재하지 않는 것을 찾을 수는 없습니다."라고 구바레프의 변호사인 이반 프레이 위처Evan Fray-Witzer는 〈버즈피드〉가 페란테를 고용한 직후 한 기자에게 설명했다. "〈버즈피드〉가 구바레프에 대한 문건 상의 주장을 뒷받침할 증거를 찾지 못한 단순한 이유가 있습니다. 그 주장이 거짓이기 때문입니다."

그 변호사의 말이 100% 옳았다. 페란테는 2018년에 시작된 명예훼손 재판에서 40쪽 분량의 보고서를 공개했다. 페란테의 사이버 탐정들은 정교한 추적 장비를 사용하여 러시아 요원들이 민주당전국위원회 해킹을 시작하기 위해 구바레프가 운영하는 네트워크를 사용했다는 증거를 발견했다. 이것은 놀라운 폭로였다. 스틸은 몇 번의 착오 끝에 몇 가지 정보를 정확하게 알아냈다. 그의 타율은 0.001이었다. 그러나 페란테는 구바레프나 XBT 고위 간부들을 해킹과 직접 연관시킬 수는 없었다. 페란테는 진술서에서 "나에겐 그들이 실제로 키보드를 두드렸다는 증거가 없습니다."라고 말했다.

스틸 문건의 명성을 강화하기 위해 일하는 동안, 페란테는 그의 옛 백악관 운동장으로 돌아온 것으로 보인다. 그가 있던 NSC 자리에 후임으로 온 FBI 직원 조던 래 켈리Jordan Rae Kelly는 페란테가 〈버즈피드〉를 위해 염탐하는 동안 백악관에 들어갈 수 있도록 보안 기록에 서명해주었다. 대체 어떤 사람이 이런 짓을 하는가? 나는 비밀경호국에서 일했었다. 백악관은 누군가가 옛 직장에 대해 진한 향수를 느껴 한번씩 들르곤 하는 곳이 아니다. 〈버즈피드〉를 위해 일하던 페란테가 백악관 웨스트윙 뒷마당에서 무엇을 했는지는 아직 알려지지 않았다. 하지만 여기에 미스터리를 더하는 것은, 플러와 긴밀한 업무 관계를 가졌던 켈리가 결국 NSC 일을 그만두고 페란테의 회사에서 일하기로 계약했다는 사실이다!

〈버즈피드〉 입장에서는 다행스럽게도, 한 플로리다의 판사가 〈버즈피드〉가 구바레프의 명예를 훼손했다는 것이 입증되지 않았다고 판결했다. 페란테의 엄청난 노력은—그는 스틸의 주장이 제대로 된 것임을 입증하기 위해 수천 마일에 달하는 항공 마일리지를 적립해야만 했다—스틸 문건이 진실이라는 것을 입증하지 못했다.

크리스토퍼 스틸이 옳았음을 증명하는 데 관심을 가진 사람은 전 FBI 사이버 탐정만이 아니다. 오르비스Orbis사의 아서 스넬Arthur Snell 전무는 영국 〈선데이 타임스〉 기사에서 '스틸의 모든 자료가 조작되었을 가능성이 매우 크다'라는 기사가 보도된 직후 스틸을 변호하는 데 앞장섰다.

"스틸과 그의 회사인 '오르비스 기업 정보Orbis Business Intelligence'는 그러한 주장을 단호히 부인합니다."라고 스넬은 이후 반박문에 썼다. "우리는 일의 무결성과 품질을 지킵니다."

딱히 놀랄 만한 일은 아니다.

또 다른 스틸 옹호론자인 글렌 심슨은 스틸이 자신의 보고서를 FBI와 공유할 것을 고집했다고 밝혔다. 결국, 스틸에게 연구비를 지불하고 문건을 작성하게 한 심슨은 스틸이 FBI에 연락하는 것에 동의했다. 심슨은 그의 책에서, 잠재적인 반역 행위와 역겨운 골든 샤워 관련 녹음테이프에 대해 확인되지 않은 소문을 FBI에 알리는 행위를 마치 교통사고를 목격하고 911에 전화하는 것과 비교하는 등, 전혀 이해할 수 없는 비유를 제공했다. 심슨은 분명 허위 보도가 온 나라에 미칠 파장을 전혀 고려하지 않았다. 그리고 그는 여전히 그런 생각을 하지 않는 것처럼 보인다.

이와 유사하게, 스넬은 또 스틸이 자신이 '알아낸 내용'을 미국 법 집행 관료들에게 주입하려는 노력을 정당화했다면서, 그것이 '단순히 FBI를 돕기 위한 것'이었다고 주장했다.

또 그는 "이후 오르비스사는 러시아의 미국 선거 개입을 조사하는 데 있어 영국 당국의 승인을 받아 광범위하게 협조해 왔다."라고 덧붙였다.

이것은 상상할 수 있는 가장 한심한 변명이다. 이 모든 공모 이론가들은—미국의 스캔들 공모자들 모임의 정식 혹은 명예 회원들—그 문건이 맞았음을 증명하려고 애쓰고 있다. 페란테, 심슨, 스넬, 개타는 물론이고 크로스파이어 허리케인 작전을 수행하는 요원들도 여기 포함된다. 오르비스 사가 수사관들과 협력했다고 자랑스럽게 말하는 것은 어처구니없다. FBI와 가짜 '증거'에 대해 논의한다고 해서 상사의 신임을 얻는 것도 아니다. 그리고 알면서도 수사에 허위 정보를 제공하는 것은 범죄이다. 대통령 후보자의 신뢰를 추락시키기 위한 수사를 무기로 삼아 '정보'를 제공하는 것은 단순한 범죄가 아니라 반 미국적인 일이다. 바로 지금 모두가 그 문건을 쓰레기라고 인정하고 있다. 만약 그 가운데 한 가지라도 타당한 것이 있었다면, 뮬러 보고서 이곳저곳에 기록되었을 것이다. 대신, 그런 정보는 눈에 띄지 않는다. 유일하게 남은 질문들은 다음과 같은 것들이다.

- 크리스토퍼 스틸은 알지 못하는 사이에 정보원들에게 놀아난 것일까, 아니면 그 내용 중 일부가 쓰레기일 수도 있다고 의심하면서도 허튼소리를 내민 것일까?
- 이와 관련해서, FBI는 스틸의 보고서가 완전히 가짜라는 것을 알고 있었을까?
- 나는 위의 두 질문에 대한 대답이 '그렇다'라고 생각한다. 스틸은 그의 보고서에 있는 주장들 가운데 일부가 거짓일 가능성이 있다는 것을 알고 있었지만 그냥 내밀기로 했다. 두 번째 질문에 대해 말하자면, 그의 정보원들은 거짓말, 그러니까 러시아가 만들어낸 허위 정보를 퍼뜨리고 있었고, FBI가 그 사실을 알고 있었다는 것에는 의심의 여지가 없었다.

내가 이 책을 서둘러 마무리할 때쯤, 감찰관 호로위츠의 보고서에서 각주 몇 개가 기밀 해제되었다. 새로운 정보는 FBI가 스틸의 보고서에 대해 제기한 주장들을 통해 실제로 무엇을 알고 있었는가를 보여주었다. 기밀 해제된 각주 350번은 특히 충격적인데, FBI는 스틸의 문건이 러시아 측의 허위 정보를 포함하는 것을 알고 있었다고 분명히 밝히고 있기 때문이다. 언급된 내용을 보자. '감찰관은 크로스파이어 허리케인 팀이 [편집된 부분]으로부터 받은 보고 내용을 확인했다. 그것은 스틸의 선거 보고에 영향을 미치는 러시아의 허위 정보 가능성을 지적하고 있었다'라고 쓰여 있다. 여기엔 흑백의 두 가지 옵션밖에 없다. FBI가 트럼프 팀을 염탐하기 위해 노골적인 거짓말로 가득 찬 문건에 의존했거나, 혹은 FBI를 통해 힐러리가 트럼프를 염탐하는 것을 돕기 위해 러시아가 외국인인 스틸을 이용한 것이다. 세번째 옵션은 없다.

한 소식통은 각주가 공개되기 직전 존 솔로몬 기자에게, "이 각주들은 공모 수사를 지속하기 위해 사용한 증거에 손상을 줄만한 여러 단계상의 정보를 FBI가 가지고 있었음을 분명히 알려준다."고 말했다. 그것은 FBI가 의도적으로 경고를 무시했는지 아니면 야망에 눈이 멀어 사안을 명확히 볼 수 없었던 것인지의 질문에 다시 불을 붙였다.

이 각주들은 FBI 요원들이 서로 공모했음을 분명히 보여준다. 그들은 수사를 이어나가기 위해 스틸 문건이 허위라는 첩보는 무시하면서 FISA 관련 자료를 수집했고, 증인을 소환했으며, 부정행위 의심을 받는 선거 캠페인 내부자들에게 정보원들을 붙였다. 스틸 문건을 입증하려는 앤터니 페란테의 노력이 담긴 이 찬송곡은, 반트럼프 도당 소속 일원들이 자신의 책임을 면하고 오직 다음과 같은 딥스테이트적 기도를 행하려는 것에 지나지 않는다.

'트럼프를 끌어내려라'.

5장

오바마의
해결사

미국의 스캔들 공모자들의 대하 소설에서 어떤 인물들은 끝없는 악몽처럼 반복해서 등장한다. 글렌 심슨이 특히 그렇다. 지금까지 살펴본 바와 같이 그는 폴 매너포트, 넬리 오어, 크리스토퍼 스틸, 법률 회사 퍼킨스 코이에Perkins Coie를 통한 민주당전국위원회, 그리고 조지 소로스의 친구인 민주주의 통합 프로젝트 설립자 다니엘 존스 등과 연관되어 있다. 스테판 할퍼도 어디에나 존재한다. 고용된 정보원이었던 그는 카터 페이지, 조지 파파도풀로스, 그리고 마이크 플린과 친하게 지내려고 시도했다. 동시에 그는 외국 정보기관, CIA 및 FBI와도 관계를 맺고 있었다.

그러나 트럼프-러시아 스캔들에는 어디에나 존재하는 정부 요원이 또 한 명 있다. 바로 지금까지 언론이 거의 언급하지 않은 여성이다. 그녀는 헤드라인을 장식하지 않는다. 오히려 언론에 대응해, 그것을 사라지게 만든다.

그녀는 오바마의 수호 천사인 캐서린 룀러Kathryn Kathy Ruemmler다.

룀러는 2011년 6월에 오바마의 수석 고문으로 임명되었다. 오바마가 그녀의 엄청난 팬이었다고 말하는 것은 절제된 표현이다. 그는 그녀를 '완벽한 판단력을 갖춘 뛰어난 변호사'라고 부르며 세 차례에 걸쳐 백악관 직책에서의 사임을 연기해 달라고 요청했다. 그리고 그녀가 마침내 떠났을 때, 그는 말했다. "나는 그녀의 똑똑함, 판단력, 그리고 재치를 매우 높이 사지만, 가장 중요한 것은 그녀가 아무도 예상하지 못하는 일들을 사전에 꿰뚫어 보는 신비한 능력을 갖고 있다는 사실이다."

그런 '신비한 능력'은 다른 방식으로 설명될 수 있다. 륌러는 '국가 안보'라는 핑계를 들어 대통령의 생각을 물어오는 언론과 의회의 접근을 거부했다. 그것이 그녀의 상사가 조사를 회피하거나 행정부의 의심스러운 행동에 대한 책임을 요구하는 일을 피하는 데 도움이 되리라는 것을 알았던 것이다. 그녀는 대통령을 '비밀 유지'라는 고치 속에 가두려고 했다. 오바마의 법률 독수리는 오바마 행정부의 가장 추잡한 스캔들 가운데 몇 가지를 헤집고 다니면서 해결사 같은 기술을 여럿 선보였다. 그녀는 나쁜 소식이 새어나가지 않도록 압력을 가하는 일에 있어 전문가였으며, 숙련된 석공처럼 두터운 벽을 쌓았다. 이러한 기술은 그녀의 법률 지식과 함께 그녀를 대통령을 위한 법적 인간 방패로 만들어주었다.

륌러가 국세청 감찰관의 비판적인 보고서에 관한 이야기를—세금

---

14   티파티 운동(Tea Party movement)은 2009년 미국에 여러 길거리 시위에서 시작한 보수주의 정치 운동이다.

감면 지위를 신청한 티파티$^{Tea Party}$**14**와 그 밖의 보수 단체들을 국세청이 부적절하게 표적으로 삼았다는 내용이 담겨 있었다—들었을 때, 바로 그런 모습이 적나라하게 드러났다. 룀러는 오바마의 비서실장인 데니스 맥도너$^{Denis McDonough}$와 회의를 했고, 그의 정치적 경쟁자들을 괴롭히고 있는 정부 기관에 대해 대통령에게 알리지 않기로 했다.

정부에 의한 주요 권력 남용이 있다면, 대통령은 그것에 대해 알아야 하지 않을까?

룀러와 맥도너는 그것이 오바마를 보호한다고 생각했기에 그를 어둠 속에 머무르게 하기로 했다. 그것은 곧 아무도 그가 수사에 영향을 미치려 한다고 비난할 수 없다는 것을 의미하기 때문에, 그의 무지는 축복이라고 그들은 생각했다.

그러나 국세청 고위 관리인 로이스 러너$^{Lois Lerner}$가 자신의 조직이 과세 면제 지위를 얻고자 하는 보수 단체들에 대한 특별 조사를 실시했다는 사실을 인정하면서, 감찰관 보고서의 최종본이 완성되기도 전에 이 문제에 대한 오바마의 침묵이 깨졌다.

2012년 콜롬비아 카르타헤나에서 벌어진 비밀경호국 스캔들—오바마가 경제정상회의에 참석하는 동안 몇몇 비밀경호국 직원들이 매춘부를 고용한 일이 드러나, 모든 언론의 헤드라인을 장식했다—이후 룀러의 의심스러운 배후 조종과 권력은 양심상 가책을 가져야 하는 대표적 예가 되었다. 이어진 수사 끝에 비밀경호국 요원 10명과 군 소속 10명이 해임되었지만, 오바마 팀의 일원이었던 민주당 거액

기부자이자 로비스트의 아들인 법대생 자원봉사자 조나단 딕^{Jonathan} ^{Dach}은 해당 조사를 무사통과했다. 〈워싱턴 포스트〉가 보도하기를, 카르타헤나의 힐튼 호텔의 일지에 따르면 밤사이 딕스의 방에는 여성 투숙객이 등록돼 있었다고 한다. 마크 설리번^{Mark Sullivan} 당시 비밀경호국 국장이 그런 일이 있었음을 확인해주었다.

한편, 그 사건에 대한 조사를 맡은 데이비드 닐랜드^{David Nieland} 국토안보부 감찰관실 수석 조사관은 "행정부에 당혹감을 줄 수 있으므로 조사 보고서의 특정 정보를 숨기거나 변경하라고 그의 상관들이 자신에게 지시했다."고 고백했다. 그는 또한 "수사 보고서를 2012년 선거 이후로 미루라는 지시를 받았다."고도 말했다.

뤼러는 카르타헤나 스캔들에 대한 백악관 차원의 조사 책임자였다. 그녀의 팀은 예상대로 아무런 잘못도 발견하지 못했다. 자원봉사자인 예일대학교 로스쿨 학생 역시 함께 밤을 보낸 여자가 있었다는 증거에도 불구하고, 아무 수사도 받지 않았다. 대신 그는 2014년에─놀랍게도!─국무부 정책 분석가로 고용되었다.

그녀가 카르타헤나 스캔들과 관련해서 분명히 했듯이, 잘못을 묵과하는 것은 흔히 있는 일이다. 때로 변호사들은 그렇게 하도록 훈련받는다. 하지만 그녀는 대통령의 변호사였다. 그녀의 상사를 건드리거나 해를 입힐 위험이 있는 모든 것은 차단되었다. 〈워싱턴 포스트〉가 말했듯이, 그녀는 '행정부 내부의, 특히 대통령과 그의 보좌관들 사이의 의사소통을 보여줄 수도 있는 정보 공개를 맹렬하게 반대했던 사람'이었다. 다시 말해, 그녀는 투명성을 옹호하는 쪽은 아니었다. 그녀가 원한 것은 대통령 집무실을 블랙홀로 만드는 것이었다— 정보가 들어올 수는 있어도, 절대 밖으로 나갈 수는 없었다. 좋은 가버넌스의 특징인 투명성을 그녀는 혐오했다.

림러는 다른 방법으로 오바마를 돕고 또 부추겼다.

2013년 8월, 시리아 다마스커스에서 천 명의 사망자를 낸 화학무기 공격이 발생했다. 그러자 오바마는 군사력 사용 허가를 의회에 요청했다. 그후 림러는 오바마의 총사령관으로서의 권한과 2001년 알 카에다에 대한 무력 사용을 승인한 결의안, 이라크의 사담 후세인 축출을 승인한 2002년 결의안을 거론하며 시리아와 인근 이라크에 대한 폭격을 명령할 수 있는 그의 능력을 정당화하기 위한 우회 전략을 만들어냈다. 그 결과 오바마는 3천 번도 넘는 공습을 감행할 수 있었다.

2012년 1월 림러는 사흘간의 휴회 기간에 오바마가 몇몇 인사 임명을 단행할 수 있도록 법적 토대를 만드는 일을 도왔다—오바마는 리처드 코드레이Richard Cordray를 소비자 금융 보호국 국장으로 임명하고 국가노동관계위원회에도 세 명의 새로운 위원들을 임명했다. 이러한 조치는 열흘간의 국회의사당 휴회 기간에만 임명을 발표했던 오랜 선례에서도 벗어난 것이었다.

림러는 법무부로부터 자신의 입장을 지지하는 양해각서를 받은 후 인터뷰를 했다. 그녀는 "상원이 형식적 절차만으로 행정부의 헌법적 권한을 쓸모없게 만들 수 있는가 라는 질문에 대한 대답은 '아니오' 라는 것이 우리의 견해입니다."라고 답했다.

내부 해결사

◇◇◇◇◇◇◇◇◇◇◇◇◇◇◇◇◇

2014년에 마침내 백악관을 떠나 거대 법률 회사인 래텀앤왓킨스 Latham & Watkins의 전 세계 공동의장이 됐을 때도, 그녀는 실제로 백악관을 떠난 것은 아니었다. 사실, 그녀는 민간 부문으로 복귀하고 나서 스캔들에 휩싸인 오바마 행정부 내부 인사들을 변호하며 유명해졌는데, 그들 중 많은 사람들이 스파이게이트 스캔들에 깊이 연루되어 있었다.

륌러 자신도 로버트 뮬러 특별검사와 이른바 그의 '수사 드림팀'과 함께 2007년부터 시작된 인연을 맺고 있었다. 그녀의 경력이 최고점과 최저점을 찍은 시기였다. 그 해에 그녀는 당시 세간의 이목을 끈 메릴린치/엔론Merill Lynch/Enron 태스크포스에서 일했는데, 그녀의 직속상관 검사가 바로 앤드루 웨이스만Andrew Weissmann이었다. 그는 뮬러의 불운한 공모 수사에서 뮬러를 보좌하는 검사로서 중요한 역할을 했다. 엔론 경영진 켄 레이Ken Lay와 제프리 스킬링Jeffrey Skilling의 유죄를 요청하는 마무리 변론을 한 륌러는 검찰이 유죄 판결을 얻어낼 수 있도록 도왔다. 하지만 알려진 바에 따르면 그녀는 피고 측 주장을 뒷받침함으로써 피고들이 무죄 방면될 수도 있는 증거를 숨겼다. 제5순회 재판소는 14가지 항목의 유죄 판결 중 12건을 뒤집음으로써, 검찰의 판단을 엄중히 비판했다.

그녀는 앞을 내다보는 대단한 재주를 가졌다. 그렇지 않은가?

륌러의 고객 중 한 명은 오바마 행정부에서 같이 일했던 동료 수전 라이스Susan Rice다. 라이스 국무장관은 2016년에 기밀 사항인 미국 정보기관 보고서에 거론된 트럼프 관련자(미국 시민권자)의 '정체를 밝히라고' 요청했다는 사실이 알려지면서 법적인 어려움에 처했다. 외국인들을 조사하는 경우 CIA와 다른 정보기관에는 제약이 거의 없지만, 외국 땅에서 미국 시민을 염탐하는 것은 영장이 없다면 대부분 범법 행위이다. 외국인을 상대로 한 작전에서 미국인이 등장한다면, 그의 신원은 비밀에 부쳐야 한다.

오바마의 두 번째 임기가 끝나갈 무렵, 브레넌, 클래퍼, 그리고 코미가 신빙성 없는 스틸 문건을 홍보하고 글렌 심슨의 경고성 속삭임을 퍼트렸다. 이때 라이스도 트럼프 행정부 정권인수위원회 관계자들이 개입된 정보 보고서에 흔들려 그들의 이름을 공개하라고 촉구했다.

라이스는 백악관을 위해 일했지만, 백악관은 정보 조사를 하지 않았다. 그렇다면 라이스가 트럼프 측 고위 관리들의 정보를 공개할 것을 요청한 이유는 무엇이었을까? 륌러가 변호인으로 나서면서, 트럼프 취임 몇 주 전인 2016년 12월, 셰이크 모하메드 빈 자이드 알 나흐얀Sheikh Mohammed bin Zayed Al Nahyan 아랍에미리트(UAE) 왕세자가 미국 정부에 통보하지 않은 채—통보하는 것이 의전상 표준이다—뉴욕에 도착하자 라이스가 놀랐다는 이야기가 의회에 전해졌다. 자이드 왕세자는 재러드 쿠슈너, 스티브 배넌Steve Bannon, 그리고 라이스의 후임인 마이클 플린Michael Flynn 중장을 만났다. 라이스는 참석자들의 이름을 알려달라고 요구했다.

트럼프 대통령 취임일인 2017년 1월 20일, 라이스는 수신자를 본인으로 한 이메일을 한 통 썼다. 그 이메일은 1월 5일에 있었던 오바마 대통령과 조 바이든 부통령, 짐 코미, 그리고 법무차관 샐리 예이츠Sally Yates가 정보 브리핑을 마친 후 가진 회의에 관한 내용을 기록한 것이었다.

> 오바마 대통령은 이 문제의 모든 측면이 '규정대로' 정보기관과 법 집행 기관들에 의해 처리되도록 하겠다는 자신의 확고한 약속을 강조하는 것으로 대화를 시작했다. 자신은 법 집행의 관점에서 아무것도 묻거나, 시작하거나 지시하지 않는다고 강조했다. 그는 우리의 법 집행 팀이 평상시처럼 규정대로 일을 처리해야 한다고 반복해서 말했다.

하지만 라이스는 왜 군이 그 이름들을 알려달라고 요구했을까? 앤드루 매카시Andrew McCarthy는 〈내셔널 리뷰〉에서, "해외 정보활동에 휘말린 미국인들의 신원을 아는 것이 중요했다면, 정보를 수집하고 조사하는 기관들은 그것을 숨기지 않았을 것"이라고 지적했다.

이런 시각에서 볼 때, '규정대로' 한다는 것은 어떤 누구의 신원도 공개하지 않는다는 것을 의미했을 것이다. 그러나 그것은 일어나지 않았던 일이다. 도대체 라이스가 왜 2주나 지난 그녀의 업무 마지막 날에 갑자기 만남을 기념하고 싶었는지를 질문하는 것은 의미가 있다. 분명 그녀는 신원을 밝히는 일에 관해 질문받을 것이라는 낌새를 알아차렸고, 그래서 자신을 보호하고자 했음이 틀림없다.

라이스는 새로 당선된 정부를 효율적으로 염탐하며 반대 의견을 내놓으려 시도하고 있었다. 당시에는 신원이 가려지지 않은 보고서가 여러 안보 기관들에 배포되는 중이었다. 사람들의 정체를 밝힐 법적 권리가 그녀에게 있었을 수도 있지만—이것은 륌러의 조언을 받는 인물이라면 분명히 했을 만한 문제이다—라이스가 그 권리를 통해 권력을 남용했는가 하는 문제를 회피하는 구실도 될 수 있다.

이건 순수한 륌러 식 계책이었다. 모든 것을 행정부 특권 아래로 숨기는 것, 혹은 결과가 석연치 않거나 끔찍할 때도 모든 것이 규정대로 이뤄졌다고 주장하는 것 말이다. 그렇다, 수전 라이스는 신원을 밝히라고 요구할 수 있었다. 하지만 그녀는 왜 그 과정을 신뢰하지 않았을까? 무엇 때문에 그녀는 트럼프 관계자들이 연루되었을 때 대통령에게 온갖 종류의 정보를 제공하는 정보기관들이 더 일을 잘해야 한다고 이야기했을까?

회의에 관한 이야기가 누설되자, 참석자들의 이름도 누설되었다. 정체를 밝히려는 작업이 이루어진 것도 트럼프 팀이 러시아인들과 결탁했다는 허위 보도에 먹잇감을 제공하기 위해서였다.

오바마 행정부 이후 륌러는 매우 주목할 만한 행보를 이어나갔다. 2016년에 발표된 보도에 따르면, 그녀는 클린턴 재단의 수석 변호사가 됐다. 륌러가 클린턴 부부와 함께 일한 것은 이번이 처음이 아니었다. 그녀의 공식 이력서에 따르면, 그녀는 빌 클린턴 대통령의 법률 고문으로 일했고, 특별검사와 의회의 조사에 대응해서 백악관과 대통령 집무실을 변호했다. 그녀는 바로, 빌 클린턴이 모니카 르윈스키^{Monica Lewinsky}와의 성관계에 대해 거짓말을 한 사실이 들통 났을 때 그를 변호했던 것이다. 하지만 빌은 추잡한 성 추문에 휘말린 그녀의 유일한 고객은 아니었다.

음모론 고객

뤼러의 고객 목록에는 두 번째 스파이게이트 운영자가 있었다. 그는 사전에 '조작된' 공모 참사의 주요 행위자였다. 이 고객은 수전 라이스에게 참석자들의 신원을 밝히라고 요구하게 한 회의와도 연결되어 있다. 그의 이름은 조지 네이더^{George Nader}, 유죄 판결을 받은 소아성애자다.

레바논 가정에서 태어난 네이더는 오하이오주 클리블랜드에서 10대 시절을 보냈다. 젊은 시절 그는 〈미들 이스트 인사이트^{Middle East Insight}〉라는 잡지를 창간해 이를 중동 출신 정치인들과 소통하는 수단으로 삼았다. 동료들은 그를 연줄과 돈에 집착하는 사람으로 묘사했다. 하지만 그에게는 또 다른 집착도 있었는데, 바로 미성년자와의 성관계였다. 그는 어린이들이 관련된 성관계 비디오와 사진을 반입한 혐의로 적어도 두 번은 체포되었다. 놀랍게도, 그는 권력과 연줄이 너무나도 중요한 '늪'의 가장자리에서 활동했던 나머지, 자신의 경력을 유지할 수 있었다. 체포된 후 그는 이스라엘 정보요원들 그리고 헤즈볼라 지도부와 함께 일했다는 통보를 받은 재판부에 의해 감형되었다. 2003년, 그는 체코에서 아동들을 성적으로 학대한 혐의로 10개 항목에 대해 유죄 판결을 받아 1년의 징역형에 처해졌다. 그러나 관리들과 외교관들은 여전히 네이더와 함께 일했는데, 그의 추악한 과거가 그와 함께 일했던 일부 권력자들에게 오히려 어필했을 것이라는 추측들이 있었다.

네이더는 UAE의 셰이크 모하메드 빈 자이드의 고문직을 맡았다. 실제로 네이더는 플린, 쿠슈너, 배넌이 참석한 (라이스가 참석자들의 이름을 공개하라고 요구한) 바로 그 12월 회의에 참석했다. 그는 두 번째 만남에서도 핵심적인 인물이었다. 그것은 먼 인도양의 군도 세이셸에서 개최되었다. 그 충격적인 비공식적 만남에는 빈 자이드와 전 블랙워터 사장이자 트럼프 지지자였던 에릭 프린스Erik Prince 그리고 푸틴의 러시아 은행가 친구 키릴 드미트리예프Kirill Dmitriev가 참석했다.

그보다 앞선 몇 년 전, 네이더가 이스라엘 모사드[15]나 신베트Shin Bet [16]요원들과 함께 일했다는 것을 우리는 안다. 그들이 그의 아동 포르노 소지 관련 재판들 가운데 하나를 도왔다는 사실이 드러났기 때문이다. 우리는 그가 워싱턴 D.C.의 스파이들에게 또 하나의 비옥한 사냥터였던 외교가를 돌아다녔다는 것을 알고 있다. 짐작컨대 어떤 정보기관 관료라도 네이더가 하자품, 즉 완벽히 조종 가능한 '쓸모있는

---

15   이스라엘의 비밀 정보기관 – 역자 주

16   이스라엘의 국내 안전부 – 역자 주

바보'였다는 사실을 알고 있었을 것이다. 그의 약점들은 그를 착취당하기 쉽게 만들었다.

체코에서의 감옥살이가 끝난 어느 시점에 네이더는 민간 군사 회사인 블랙워터와 가까워졌다. 블랙워터는 부유한 자동차 부품 제조업자이자 보수적 성향의 가족연구위원회Faimly Research Council를 창립한 에드거 프린스Edgar Prince의 아들 에릭 프린스가 소유한 회사다. 블랙워터의 창업자는 트럼프 행정부 시절 교육부 장관을 지낸 벳시 드보스Betsy DeVos의 남동생이기도 하다. 벳시 드보스의 남편은 보수 단체에 기부하는, 재산이 수십억 달러 규모에 달하는 암웨이-알티코Amway-Alticor 그룹의 후손이다.

나는 무슨 일이 벌어졌는지를 적절한 관점에서 설명하기 위해 이 모든 배경을 언급하는 것이다. 요약하자면, 추접한 과거를 가지고 있고 정보계에 연줄을 갖고 있던 한 미국인(네이더)이 트럼프와 공화당의 가장 큰 후원자 가족의 구성원(에릭 프린스)을 위해 일하는 동시에 블랙워터를 고용하고 있던 UAE의 지도자(셰이크 모하메드 빈 자이드)를 위해 일했던 것이다.

러시아 국부펀드 수장을 맡아 푸틴 대통령에게 직접 보고한 러시아인 키릴 드미트리예프도 마찬가지로 이 조합 안에 있었다. 뮬러 보고서는 다음과 같이 썼다.

드미트리예프는 대선 이후 몇 달 동안 트럼프 행정부 인사들을 만나기 위한 노력에 착수했다. 그는 UAE 왕실을 위해 일했던 친한 사업 동료 조지 네이더에게 트럼프 정권인수위원회 관련자들을 소개해 달라고 요청했고, 네이더는 드미트리예프와 트럼프 선거 캠페인 지지자이자 스티브 배넌을 알았던 에릭 프린스와의 만남을 세이셸에서 주선했다.

세이셸에서의 만남에 초점을 맞춘 뮬러 보고서의 많은 부분에서 네이더는 자신이 드미트리예프의 관심에 응답했음을 분명히 언급했다. 1월 초 어느 시점에 네이더는 "드미트리예프가 차기 행정부의 누군가를 자신에게 소개해달라고 압박했다."고 프린스에게 말했다. 그는 프린스와 인수위원회 관계자들과의 관계에 비추어 보았을 때, 드미트리예프와 만나 상호 관심사를 논의해보는 게 어떠냐고 제안했다. 프린스는 그 제안을 좀 더 숙고해 인수위원회 팀 관계자들과 논의해볼 필요가 있다고 네이더에게 말했다.

그건 함정이었을까?

확실히 그런 것처럼 보인다.

네이더는 푸틴의 친한 친구와 트럼프 인수위 팀 고위 인사들 사이의 비공식 만남을 제안했다. 프린스는 2017년 1월 7일자로 세이셸행 티켓을 예약했고, 네이더는 드미트리예프가 2017년 1월 12일에 있을 만남을 위해 외딴 섬을 방문하도록 일정을 잡아주었다. 네이더와 프린스를 인터뷰한 뮬러의 조사 결과에 따르면, 그 만남은 아무것도 아니었다. "세이셸에서의 만남 이후, 프린스는 네이더에게 드미트리예프와 논의한 내용을 배넌에게 알릴 것이며 러시아 권력층에 속하는 누군가가 차기 미국 행정부와 더 나은 관계를 구축하는 데 관심이 있음을 전달할 것이라고 말했다." 프린스는 뮬러 팀에 이런 사실을 확인해주었는데, 그는 배넌에게 '드미트리예프가 러시아 국부펀드 수장이며, 미국과 러시아의 관계 개선에 관심이 있음'을 설명했다고 밝혔다.

이 만남은 무엇을 의미할까?

우리는 미국의 정보기관이 셰이크 빈 자이드에 집중하고 있었음을 안다. 네이더가 셰이크와 동행했을 때 첩보 감시망에 그가 나타났으리라는 것도 안다. 그리고 네이더가 트럼프 팀에서 가장 친했던 사람이 선거 캠페인이나 인수위 팀과는 어떤 공식적인 관계도 맺지 않은 프린스였다는 것을 안다.

우리는 또한 FBI가 공모에 대한 어떠한 증거도 제시하지 못했다는 것을 안다. 이 시점에 크로스파이어 허리케인 작전은 흐지부지됐고, 네이더가 만남을 주선하고 있을 때 트럼프는 백악관에 입성할 준비를 하고 있었다. 그는 누구를 위해 일하고 있었던 것일까? 시간 낭비에 불과한 이 만남을 누설함으로써 누가 이득을 보았는가?

푸틴의 자금 담당자와 만난 에릭 프린스는 의심스러워 보였다. 그것은 공모 내러티브에 허상을 만들어냈다. 그것이 가장 구체적인 성과였다. 결탁의 확실한 증거를 제시하는 것이 최선의 시나리오였을 수도 있었다. 최악의 경우에도 트럼프 행정부에 부적절한 행동과 해로운 주장들을 떠넘기는 계기로 사용될 수 있기 때문이다. 그리고 그런 일이 정확히 일어났다. 뮬러 보고서에는 음모 이론들이 여러 쪽에 걸쳐 집필되었고, 이에 대한 논평도 길게 이어졌다. 그리고 진보 성향 언론 매체들의 비판적 기사들이 필연적으로 뒤따랐다.

사실 세이셸에서 가진 만남에 대한 뉴스가 처음 나왔을 때, 〈워싱턴 포스트〉는 프린스가 그 만남을 간절히 원했던 것으로 묘사했다.

> 관계자들에 따르면 UAE와 트럼프 보좌관들 사이의 뉴욕 회동 이후, 프린스는 자이드에게 접근해 자신이 대통령 당선인의 비공식 대리인 역할을 할 권한을 부여받았다고 말했다. 그는 자이드가 푸틴 측 사람과 만나기를 원했다. 자이드는 만남에 동의하며, 양측 모두의 사생활 보호를 이유로 세이셸을 만남의 장소로 제안했다. "그는 도움이 되고 싶어 했어요"라고 한 관계자는 자이드에 대해 말했다.

그렇다. 이 이야기는 누군가를 의도적으로 음해하려는 시도였다. 제목만 봐도 알 수 있다. '블랙워터 창업자가 트럼프-푸틴 간 비공식 채널 구축을 위해 세이셸에서 비밀회의를 열다.' 이 얼마나 유죄 확정적으로 들리는가? 그러나 뮬러 보고서는 이 이야기의 핵심 요소를 부인했다. 바로 네이더와 드미트리예프가 이 만남을 주도했다는 사실 말이다. 그것은 프린스가 주도한 것이 아니었다. 이 부정확한 보도를 한 〈워싱턴 포스트〉의 출처는 여전히 미스터리로 남아있다. 출처는 네이더였을까, 아니면 그와 관련이 있는 누군가였을까? 미국 정보기관이었을까, 아니면 외국 정보기관이었을까? 어느 쪽이었든 간에, 그들의 동기는 분명해 보인다. 그것은 프린스와 트럼프 팀이 러시아와 접촉하는 일에 집착했던 것처럼 보이도록 꾸미는 것이다.

다음 내용으로 넘어가기 전에 한 가지 짚어야 할 사항이 있다. 별다른 성과로 이어지지 않은 세이셸에서의 만남이 실제로는 러시아와의 공모 내러티브를 해체할 수 있는 증거를 제공했다는 점이다. 만약 트럼프 선거 캠페인 측과 러시아 사이에 연결고리가 있었다면, 취임식이 며칠 남지 않은 상황에서 무엇 때문에 비공식 채널을 통해 접촉하려고 미친 듯이 애를 썼을까? 이것은 어떠한 공식적인 협력이 없었다는 사실을 강조한다. 만약 파이프라인이 있었다면 푸틴에게 직접 보고하는 누군가가 러시아와 접촉할 방법을 찾기 위해 미친 듯이 노력할 필요가 있었을까? 그건 말이 안 된다.

해결사의 새로운 저점

2018년 1월, 조지 네이더는 워싱턴 덜레스 국제공항에 도착했다. 뮬러 특별검사팀 소속 연방 요원들이 그를 막아섰다. 그들은 공모 수사와 관련된 영장을 내밀었고, 아이폰 세 대를 압수했다. 전화기를 수색하던 중 수사관들은 열 개도 넘는 아동 포르노 비디오들을 발견했다. 뮬러 특별검사팀에 협력하기 시작한 네이더는 특검 수사를 위해 한 일 덕분에 면책권을 얻은 것으로 알려졌다. 하지만 그것은 분명 그가 소지한 불법적인 섹스 비디오에는 적용되지 않았다. 2019년 6월 3일, 네이더는 결국 아동 포르노 혐의로 기소되었다.

오바마의 해결사 캐서린 룀러는 네이더가 뮬러와 거래했을 때 네이더를 대변했다. 보도에 따르면, 그가 소아성애 혐의를 받는 동안 그녀는 그의 변호사로 남아있었다고 한다. 2020년 1월 13일, 네이더는 성매매를 시인하며 14살 소년을 미국으로 데려온 혐의를 인정했다. 아울러 그는 아동 포르노물을 소유했다는 점도 인정했다. 4월 10일로 예정된 선고가 연기되었지만 네이더는 최소 10년의 징역과 25만 달러의 벌금에 처해질 위기에 몰린 상황이다. 이러한 선고 연기가 네이더가 연루된 또 다른 사건과 관련이 있는지는 분명하지 않다. 이 사건의 경우 네이더와 레바논계 미국인 사업가 아흐마드 앤디 카와자Ahmad Andy Khawaja는 트럼프와 클린턴의 정치행동위원회(PAC)에 건넨 350만 달러가 넘는 선거 기부금의 출처를 은폐하기 위해 공모했다는 혐의를 받고 있다.

트럼프 팀이 러시아와 공모하다 걸린 것처럼 보이도록 만든 회의를 적극적으로 기획한 정보원을 캐시 륌러가 대변한 것은 흥미로운 수준을 넘는 것이다. 그것은 수전 라이스의 해로운 '신원 밝히기'를 떠올리게 했다. 그녀는 단지 이런 종류의 사건들에 끌렸던 것인지도 모른다.

방어할 수 없는 것을 방어하기

미국은 러시아게이트 대참사의 가장 큰 피해자다. 하지만 다른 피해자들도 많이 있다. 도널드 트럼프는 스틸 문건 이후 줄곧 FBI의 주요 타깃이었기에, 분명 피해자 목록의 가장 우위를 차지하고 있다. 하지만 공모와 관련해 수많은 루머의 대상이 되었던 트럼프 선거 캠페인의 고문 카터 페이지 또한 주요 수사 대상이었다. 매너포트에서 파파도폴로스, 그리고 플린까지, 몇몇 선거 캠페인 관련 인물들을 자유자재로 조사할 수 있도록 해준 FISA 영장은 주로 카터 페이지를 조사하기 위한 것이었다. 따라서, 2020년 1월, 페이지가 민주당전국위원회와 법률 회사 퍼킨스 코이에를 상대로 소송을 제기한 것은 놀랄 일이 아니다. 민주당전국위원회가 글렌 심슨과 퓨전 GPS를 계약하기 위해 퍼킨스 코이에를 고용했고, 이후 글렌 심슨은 크리스토퍼 스틸을 고용하여 그 망상적 문건을 작성하게 했다.

이 장의 주제를 고려할 때, 민주당전국위원회가 변호를 위해 오바마의 해결사인 캐서린 륌러와 그녀의 회사 소속 변호사들을 고용한 것 또한 놀랄 일이 아니다. 무엇 때문에 오바마의 해결사가 민주당전국위원회가 찾는 변호인이 되었을까? 트럼프가 대선 출마를 선언하기도 한참 전인 2014년에 그녀는 백악관을 떠났는데 말이다. 그녀가 연루된 모든 사람을 알았기 때문일까? 그녀는 비공식 채널을 통해 대화를 나누었던 것일까? 그녀의 고객인 수전 라이스가 다른 내부 정보를 공유했을까? 아니면 로버트 뮬러가 조지 네이더를 닦달하는 동안 그녀도 그와 함께 있었기 때문에 —더 많이는 아니더라도— 다른 누구 못지않게 러시아게이트의 세세한 내용을 알고 있었기 때문일까?

그 소송은 '미 해군과 민간 부문에서 조국에 명예롭게 봉사한 카터 페이지 박사가 사실은 러시아 요원이었다'는 잘못된 인상을 만들어내기 위해, 페이지의 특정 외국 국적자들과의 관계를 민주당전국위원회와 퍼킨스 코이에가 잘못 해석했음을 확인시켜 주었다.

페이지는 '한 때의 사적인 생활'이 파괴되었다고 말하면서, "피고인들의 잘못된 행동으로 인해 많은 미국인이 나를 미국을 배신한 사람이라고 확신하게 했고, 나는 여러 번에 걸쳐 살해 협박을 받았으며 지금도 계속해서 받는 중"이라고 항변했다.

소송에 대한 페이지의 대응방식은 전형적인 뤼러식 전략이었다. 사실들이 변론에 방해가 되지 않도록 하는 것 말이다. 법무팀은 명예훼손이라고 주장되는 진술들이 '실질적으로는 사실'이라고 페이지의 주장을 반박했다. 이것은 심슨과 스틸의 보고서가 얼마나 엉터리였는가 하는 점을 고려했을 때 충격적인 수준의 주장이다. 피고 측 변호인은 다음과 같이 말했다.

> 페이지가 트럼프 선거 캠페인의 고문으로서 러시아 정부와의 접촉을 협의했다는 진술의 '요지'는 자신의 행동에 대한 페이지 본인의 설명과 일치한다. 그것은 페이지가 러시아를 방문하고, 러시아 정부 관계자들과 만났다는 실질적인 증거를 보여준다. 원고의 명예훼손 청구는 그런 점만으로도 기각되어야 한다.

페이지의 재판이 어떻게 진행되는지를 지켜보는 것은 흥미로운 일이 될 것이다. 마이크 호로위츠 감찰관의 보고서는 트럼프의 전 고문에게 설득력 있는 증거를 제공한다. 그는 다음과 같이 언급했다.

> 무엇보다 FBI는, 러시아가 2016년 미국 대선에 개입하려 했다는 점에는 변함
> 이 없지만, 도널드 트럼프와 트럼프 선거 캠페인 관련자들에 대한 의혹을 포
> 함한 스틸 보고서의 많은 자료들은 사실로 입증될 수 없다는 결론을 내렸다.
> 어떤 주장들은 부정확하거나 크로스파이어 허리케인 팀이 수집한 정보와 일
> 치하지 않았다. 그 시간과 위치, 표제 정보와 관련해 공개된 것들의 대부분은
> 제한된 정보들이었다.

2020년 봄 무렵에, 캐서린 륌러는 심경에 변화가 있음을 암시했
다. 아마도 카터 페이지가 모은 상당한 양의 남용 관련 증거는 그녀
의 고객들이 러시아게이트를 확산시킴으로써 끼친 피해를 그녀 스
스로 깨닫게 했을 것이다. 혹은 그녀가 법정에서 이길지도 모른다고
생각했을 수도 있다. 그도 아니라면 그녀는 아마도 조지 네이더가 끼
친 피해의 결과로, 도덕적 진공상태에 있었는지도 모른다. 심지어 그
녀는 자신이 멀리 내다보는 능력을 잃었으며, 마침내 겪을 만큼 겪었
음을 깨달았는지도 모른다. 거절할 수 없는 거액의 돈을 제안 받았을
수도 있다. 그게 뭐였든 간에, 무엇인가가 바뀌었다. 2020년 4월, 오
바마의 해결사는 골드만 삭스Goldman Sachs의 전 세계 규제 업무 책임
자가 되기로 계약했다. 지금으로서는, 캐서린 륌러가 민주당의 난맥
상을 정리하는 일을 그만둔 것으로 보인다.

6장

요원 1의
이상한 이야기

법무부 감찰관 마이클 호로위츠가 434쪽 분량의 FBI 크로스파이어 허리케인 조사와 관련한 네 건의 FISA 검토문과 28쪽 분량의 요약본을 공개했을 때, 세상은 내가 수년 동안 기록해 온 수사 기록들을 공식적으로 확인할 수 있게 되었다.

이것을 언급하는 것은 내가 옳았다며 우쭐하지 않기 위해서다. 나는 "거봐, 내가 말했잖아"라고 말하는 것이 듣는 사람을 짜증나게 하는 일임을 안다. 하지만, 진실은 너무나 분명하다. 이 보고서에는 FBI의 FISA 영장이 미국 시민들을 정당한 이유 없이 부당하게 표적으로 삼지 않으려고 수립한 절차인 '우즈 절차Woods Procedures'를 위반한 사항들이 기록되어 있다. 구체적으로는, 신청 서류 상의 언어 사용이 다음과 같이 지적되었다. '스틸 문건은 과장되었고, 우즈 절차에서 요구하는 내용과는 달리 담당 요원에 의해 승인되지 않았다.'

보고서는 또한 스틸 문건이 FISA 영장을 신청하는 데 영향을 미치지 않았다는 FBI의 집요한 거짓말을 반박했다.

우리는 크로스파이어 허리케인 팀이 2016년 9월 19일에 스틸의 보고를 받은 것이 FBI가 FISA 영장을 발부하기로 한 결정에 중추적이고 핵심적인 역할을 했다고 판단했다.

그럼에도 아직 감찰관 보고서가 풀지 못한 일들이 남아있었다.

혼돈 요원

호로위츠의 대규모 조사에는 많은 인물들이 등장한다. 제임스 코미는 148번 언급된다. 조지 파파도풀로스가 지목한 미스터리한 인물 조셉 미프수드Joseph Mifsud는 40번 언급된다. 그는 러시아인들이 힐러리 클린턴에게 해가 될만한 정보를 가지고 있다고 처음 언급한 몰타 출신의 사람이다. 퓨전 GPS는 139번 언급되고, 방첩국 부국장 윌리엄 빌 프리스텝William Bill Priestap은 165번 언급된다.

그러나 주목할 것은 특수 요원 1이라는 사람이 231번 언급된다는 점이다. 평균적으로 한 쪽 걸러 한 번 이상 나오는 것이다.

〈뉴욕 타임스〉는 특수 요원 1이 뉴욕에 있는 FBI 현장 사무소에서 일하던 전 방첩 수사관이며, 코드명은 크로스파이어 허리케인, 다시 말해 트럼프 팀에 대한 염탐 작전을 위해 워싱턴으로 파견된 스티븐 소마Stephen M. Somma라고 확인 보도했다.

소마가—또는 그의 가명 '특수 요원 1'이—보고서에 그렇게나 많이 언급된 이유는 무엇일까? 간단히 말하면 그가 트럼프 팀원인 카터 페이지를 감시하는 데 필요한 FISA 영장을 얻기 위해 FBI 규정을 무시한 요원이었기 때문이다. 덕분에 FBI는 트럼프 선거 캠페인으로까지 조사의 범위를 넓힐 수 있었다.

하지만 소마 요원이 언제, 어떻게 스틸 문건 자체에 대해 알게 되었는지는 여전히 혼란스러운 질문으로 남아있다. 성급하게 날조된 공모 이야기로 트럼프를 끌어내리기 위해 러시아게이트 수사관들이 쩔쩔매는 가운데, 이런 미스터리들은 이 모든 것들이 얼마나 걷잡을 수 없는 지경에 이르렀는지를 여실히 보여주었다.

스티븐 소마는 이 혼란의 중심에 있었다.

내부 정보

크로스파이어 허리케인 작전이 어느 정도 수준까지 은밀히 진행 중이었는지를 이해하기 위해, 그 시작으로 돌아가 보자. 알려진 바에 따르면 그것은 7월 31일에 개시되었다(크로스파이어 허리케인 사건이 행정적으로 개시된 날은 7월 31이지만, —2016년 7월 5일 FBI 요원 개타와 스틸 사이의 만남을 포함하여—조사가 훨씬 더 일찍 시작되었다는 상당한 증거가 있으므로 '알려진 바에 따르면'이라고 썼다). 어느 '우호적인 외국 소식통'이—호주를 말한다—FBI에 한 가지 정보를 통보한 지 5일이 지난 후였다. "트럼프 팀이 선거운동 중 클린턴에게 피해를 줄 수 있는 정보를 익명으로 공개하는 것과 관련하여 러시아로부터 어떤 제안을 받았다."라고 트럼프 선거 캠페인의 외교 정책 고문인 조지 파파도풀로스가 말했다는 것이 그 정보의 핵심이었다.

그 시나리오에 따르면, '정보'의 출처인 파파도풀로스가 수사의 초점이 되었어야 마땅했다. 대신, 우리는 소마 요원이 파파도풀로스가 아닌 카터 페이지에 대한 FISA 영장을 받기 위해 즉각 움직였다는 것을 안다. 다음은 감찰관의 보고서 내용이다.

> 페이지, 파파도풀로스, 그리고 매너포트에 대한 수사를 개시한 8월 10일 직후, 카터 페이지 조사에 투입된 사건 요원 1은 FISA에 따른 카터 페이지의 수사 가능성을 알아보기 위해 OGC(FBI 일반사무국)에 연락했다.

감찰관 보고서에 의하면, 조사팀은 카터 페이지가 알고 지낸 러시아 정보 당국자들과의 과거 접촉들로 인해 러시아인들의 지원 제의를 가장 잘 수용할 수 있는 입장에 있었다고 결론 내렸다. 소마는 페이지에 대한 FISA 영장이 이메일과 기타 통신의 전자 감시를 허용했고, 그것이 페이지가 2016년 7월 모스크바에 있는 동안 무엇을 했는지와 그와 통화했을지도 모르는 러시아 관계자들에 관한 귀중한 정보를 얻는 데 도움이 될 것이라고 주장했다.

이러한 설명은 언뜻 타당한 것으로 들린다. 하지만 문장을 분석해 보면 이것이 놀랍도록 솔직하지 못한 정보 조작이거나 정말로 형편없는 정보 분석이라는 것을 알 수 있다. 사실, 다른 몇몇 트럼프 선거 캠페인 팀원들도 러시아 정보원들과 접촉했다. 충분히 깊게 파고 들어가면, 국회의사당에 있는 모든 유명 인사들은—오바마 행정부 인사들도 포함된다—러시아인들과 조금씩은 접촉한다고 주장할 수 있다. 이 점에 대해 끊임없이 혼동을 일으키는 언론 매체 글쟁이들에게 상기시켜주자면, 러시아인과의 접촉은 불법이 아니다. 러시아인과의 불법적 접촉이 불법인 것이다. 나는 다른 트럼프 팀원들을 쓸데없이 비방하고 싶지는 않지만, FBI가 광범위하게 정의내린 '공모'가 느슨하고 수용적이라는 범주 하에서는, 터무니없는 꼬리표에 시달릴 수 있는 트럼프 팀원들이 분명 있었다. 그러므로 소마가 페이지를 타 깃으로 삼을 때 채택한 기준에서는 거의 모든 의원들도 표적이 될 수 있었다.

소마가 결론을 내린 시기를 자세히 들여다보면 누구라도 이상하다는 낌새를 챌 것이다. 시간을 조금만 뒤로 돌려보자. 소마는 뉴욕 FBI 현장 사무소에서 근무할 때 러시아 작전 전문가였다. 페더럴리스트의 보도에 따르면, 소마는 크로스파이어 작전 팀원이 되려고 8월에 워싱턴 D.C.로 오기 전, 뉴욕에서 방첩 특수 요원으로 일하며 러시아 작전에 몰두했다. 이는 7월 28일, 스틸의 로마 연락책이자 FBI 요원이었던 마이클 개타가 뉴욕 지사에 있는 FBI 상관에게 스틸의 첫 메모 사본을 보낼 무렵에는, 그가 뉴욕 사무소에서 활동 중이었다는 것을 의미한다. 시기적으로 가장 빠른 메모의 날짜는 2016년 6월 20일이었다. 날짜별로 보면 다음 메모는 7월 19일에 작성되었고, 제목은 '트럼프 고문 카터 페이지가 참석한 모스크바 크렘린궁에서의 비밀 만남'이었다. 스틸의 문서에 번호를 부여할 때 사용된 논리는 여전히 수수께끼로 남는다. 7월 19일 메모의 번호는 094이고, 7월 30일 메모의 번호는 097이며, 7월 26일 메모의 번호는 086이다. 하지만 감찰관 보고서 덕분에 우리는 참모 요원 1(개타)이 뉴욕 사무소로 보고서 80번과 94번을 보냈음을 알고 있다. 또한 우리는 스틸의 메모가 스틸의 현지 참모 개타로부터 뉴욕 사무소에 도착한 7월 28일에는 스틸의 메모 095번이—의심스럽게도 이 메모에는 날짜가 없고, 그 대신 카터 페이지의 공모라는 허튼소리를 자세히 설명하고 있다—도착했을 가능성이 크다는 것을 리사 페이지의 증언에 근거해 볼 때 상당 부분 확신하고 있다. 전 공화당 하원의원 트레이 가우디와의 대화에서 리사 페이지는 7월 말에 있었던 크로스파이어 허리케인 작전의 공식적 개시에 관한 질문을 받았다.

"7월 28일에 알게 되었나요?" 가우디가 질문했다.

"맞습니다, 감사합니다."라고 페이지가 말했다.

하지만 FBI 고위관계자들은 공식 공개를 사흘 앞둔 7월 28일에 뉴욕 사무소와 리사 페이지가 일원이었던 워싱턴 D.C. 소재 본부팀에 도착한 스틸 문서가 아닌, 호주의 다우너나 파파도풀로스의 제보가 트럼프 팀에 대한 수사를 개시한 이유라는 말도 안 되는 주장을 고수하고 있다.

〈페더럴리스트〉는 또한 뉴욕 사무소의 담당 특수요원보가 그 메모들이 사무실의 다른 요원들에게는 '차단'될 것으로 개타에게 말했다고 보도했다. 하지만 만약 러시아게이트가 우리에게 뭔가 가르쳐 준 것이 있다면, 그것은 몇몇 정부 기관들은 타이타닉호보다 더 심하게

물이 샌다는 것이다. 그것도 작은 누수가 아니라, 종종 분수가 뿜어져 나오듯 정보가 샌다. 정식으로 조사가 시작된 지 사흘 뒤인 8월 3일, 담당 특수요원보, 특수 요원 감독관, 그리고 두 명의 FBI 변호사가 만난 자리에서 스틸 메모가 논의됐다. 그렇게 해서 카터 페이지는 이제 미국 FBI 관계자들의 레이더에 포착된 상태였다.

알려지기로는, 크로스파이어 허리케인 팀이 스틸의 전체 문건을 2016년 9월 19일에 수령하기까지 6주가 소요됐다. 감찰관의 조사 결과에 따르면, 그 문건은 FBI와 법무부가 FISA 영장을 얻어내는 데 핵심적인 역할을 했다.

하지만 앞서 언급한 것처럼 소마는 8월 초에 이미 FISA 영장을 요청했다. 왜일까?

소마는 카터 페이지에 대해 구체적으로 무엇을 알았을까?

러시아 관련 부서에서 일했던 소마는 리사 페이지처럼 스틸 보고서를 7월 말에 알았을까, 아니면 메모들이 워싱턴 D.C.로 오기 전인 8월 초에 알았을까?

만약 소마가 스틸이 속삭이는 공모 이야기를 알았더라면, 아마도 카터 페이지를 FISA 영장으로 옭아매려는 그의 의도에 도움이 되었을 것이다. 하지만 그가 그 사실을 좀더 일찍 알았더라면, 페이지에 대한 문건 메모 때문에 그들이 사건 수사를 시작한 것이 아니라는 FBI의 이야기는 거짓으로 판명될 것이다. 거듭 강조하지만, 감찰관의 보고서는 소마가 카터 페이지에 열렬히 집중했다는 것을 보여주는 타임라인이다.

그가 다른 FBI 소식통으로부터 카터 페이지에 대해 들었을 수도 있다. 그는 2015년 1월 23일, FBI 요원 그레고리 모나한Gregory Monaghan이 서명해 뉴욕 남부지구에 제출한, 러시아 해외정보국(SVR) 소속 세 명의 요원(예브게니 부랴코프Evgeny Buryakov, 이고르 스포리셰프Igor Sporyshev, 그리고 빅터 포도브니Victor Podobnyy)을 고발한 미공개 공소장에 대해 알고 있었을까? 그 공소장에는 세 명의 러시아인이 2013년 4월, 페이지를 '정보원'으로 만들기 위한 노력을 논의했다는 사실이 적혀있었다. 소마와 그레고리 모나한 모두 뉴욕에서 러시아 첩보 업무를 했기 때문에, 소마는 모나한을 실제로 알았거나 간접적으로 들어서 알고 있었던 것 같다.

혹은, 뉴욕 사무실에 있는 그의 동료들이 그에게 스틸 보고서에 대해 말해줬는지도 모른다.

다시 말하자면, 소마는 그의 동료들보다 크로스파이어 허리케인 작전에 대한 정보를 더 많이 가지고 있었을 것으로 보인다.

알렉산더 다우너가 전해온 내용을 조지 파파도풀로스가 들은 후에도 FBI 수사관들은 아무것도 모르는 상태였다는 것을 나는 재차 반복하고자 한다. 다음은 수사관들이 얼마나 맹목적으로 행동했는지를 설명한 내용이다('FFG'는 우호적인 외국 정부를 의미하며, 아래의 경우 호주를 의미한다).

FFG가 제공한 정보와 관련해서 우리에게는 트럼프 선거 캠페인 내 어떤 사람이 러시아로부터 제안을 받았는지에 대한 단서가 없었다. 특정한 미국인이 확인된 것은 아니었다. 우리는 또한 그 트럼프 선거 캠프 인사가 러시아의 제안을 거절했다는 것을 보여줄 만한 무언가를 가지고 있지도 않았다. 사실, 우리는 받은 정보로 인해 파파도풀로스가 트럼프가 당선될 것으로 확신한다고 말했고, 클린턴 부부에게는 털어내야 할 문제가 많으며 트럼프 팀은 선거 캠페인에서 사용할 자료를 많이 가지고 있다고 언급했음을 알 수 있었다. 파파도풀로스는 트럼프 팀이 어디에서 자료를 받았는지는 밝히지 않았지만, 일부 자료가 러시아로부터 온 것이 아닌가 하는 합리적 추론이 가능하다.

마이클 호로위츠 감찰관 보고서에 따르면, 크로스파이어 허리케인 팀이 2016년 9월 19일에 받은 스틸의 선거 보고서에는 "FBI와 법무부의 FISA 영장을 받아내는 데 중심적이고 필수적인 역할을 했다."라고 적혀 있었다. 이는 말 그대로 수사관들이 러시아인들이 누구와 접촉했는지는 전혀 몰랐지만, 카터 페이지가 푸틴의 측근이자 미국의 제재 대상 인물인 이고르 세친Igor Sechin과 '비밀 회동'을 했다고 주장하는 스틸의 보고서를 소속 팀이 받은 것으로 알려지기 최소 9일 전에 소마가 카터 페이지를 타깃으로 삼았다는 뜻이다.

이 모든 정황을 고려할 때, 감찰관이 소마와 관련된 타임라인을 조사했는지에 대해 최소한 언급조차 하지 않은 것은 이해하기 어렵다. 그는 내부 정보에 의거해서 작전을 수행하고 있었던 것으로 보인다.

감찰관은 조사와 관련한 소마의 직무 수행에 대해 신랄한 평가를 했고, 정확한 정보 전달과 업데이트에 실패한 점 등을 엄중히 문제 삼아 그에게 실수에 대한 책임을 돌렸다. 아래는 그를 비판하는 내용

전문이다.

본 보고서에서 언급한 바와 같이, FISA 신청 서류상의 가장 중대한 오류와 누락에 대한 주된 책임은 사건 요원 1에게 있다. 그런 오류와 누락은 다음 사항들을 포함한다:

(1) 우즈 절차에서 요구하는 바와 같이 담당 요원에게 진술에 대한 검토 및 승인을 구하지 않아 발생한 스틸의 사전 보고에 대한 오판 (2) FISA 신청 서류 제출시 트럼프 선거 캠페인 및 러시아와 관련한 개인들 사이에 '고도의 협력적 음모'가 있었다는, 스틸의 보고와는 일치하지 않는 파파도풀로스가 FBI에 한 진술들에 대해 [국가안전보장국의 정보부]에 알리지 않은 점 (3) 페이지는 FBI [비밀 인적 정보원]에 한 진술에서 매너포트와 아무런 연락도 취하지 않았고 세친과 디브예킨과의 만남을 부인했는데, 이러한 진술을 [정보부]에 알리지 않은 점 (4) 다른 미국 정부 기관에서 제공한 FISA 신청과 관련성이 매우 높은 페이지와의 과거 관계에 대해 부정확하고 불완전한 정보를 OI에 제공한 점 (5) 스틸에 대한 브루스 오어의 정보 및 그의 선거 보고에 대한 정보를 [정보부]에 제공하지 않은 점 (6) 스틸과 그의 주요 하위 정보원 간의 불일치에 대해 OI에게 알리지 않은 점.

사건 요원 1이 이러한 오류와 누락에 대해 제공한 설명은 이 보고서의 5장과 8장에 요약되어 있다. 사건 요원 1의 이러한 오류 패턴이 의도적이었음을 말해주는 문서나 증거는 찾지 못했지만, 중대하고 반복적인 오류에 대한 그의 설명도 만족스럽지 못했다. 따라서 우리는 그러한 설명이 최초 FISA 신청 서류, 최초 갱신 신청 서류 그리고 세 번째 갱신 신청 서류를 "꼼꼼하고 정확하도록" 작성해야 하는 책임을 충족하지 못한 것에 대한 변명이 되지 못한다고 결론 내렸다.

소마는 서투른 연기자였지만, 혼자가 아니었다. 그는 책임지는 일을 그의 선에서 멈췄어야 했지만 그러지 못했다. 대신, 그 일은 FBI의 지휘 계통을 거쳐 프리스텝, 스트르조크, 맥케이브, 코미, 그리고 로버트 뮬러 특별검사를 임명한 로드 로젠스타인에게까지 넘어갔다. 그들 모두는 소마에게 질문하고, FISA 신청 서류에 제시된 불성실한 주장들을 명확히 하도록 압박했어야 했다. 감찰관 보고서는 '우리는 FBI 신청 서류의 정확성에 대해 책임이 있는 FBI 감독 직원들의 유사한 오류들을 발견했다'라며 이러한 점을 재확인했다.

소마의 "비밀 인적 정보원"

스티븐 소마와 관련된 인물로는 또한 스테판 할퍼(감찰관 보고서에서 "정보원 2"로 신원이 은폐된 남자)의 전 담당 요원이 있었다. 이 요원과 정보원 사이의 관계는 여전히 모호하다. 그러나 소마는 자신이 정치 캠페인과 관련된 조사에 참여한 적이 없고 선거 캠페인의 기본적인 역할에 대한 통찰력과 이해가 부족하다고 느꼈기 때문에, 조언과 통찰력을 얻기 위해 할퍼에게 연락했다고 주장했다. 그렇다면 왜 하 필 할퍼였을까? '사건 요원 1은 정보원 2가 1970년대 초부터 전국적 정치 캠페인에 관여해왔다는 사실을 알고 있었다'라고 보고서는 설 명하고 있다.

나는 마지막 문장을 읽으면서 무엇이 막히는 느낌을 받았다. 1970 년대와 요즘 선거 캠페인 간의 차이는 낮과 밤 만큼이나 크다. 물론 승리를 위해 후원금을 모으고, 캠페인을 펼치는 것은 같다. 하지만 1970년에는 인터넷이나 소셜 미디어가 없었다. 당시의 선거자금 조 달과 모금 활동은 지금과 매우 달랐다. 여론 조사는 더 원시적이었 다. 냉전이 지정학적 정책을 좌우했다. 소마가 레이건 행정부 이후 대통령 정치에 관여하지 않은, 일흔다섯 살의 할퍼 같은 정치 공룡에 게 조언을 구했다는 것은 어처구니없는 일이었다.

하지만 그 당시 할퍼는 비열한 선거 전술의 달인이었다. 1983년에 〈뉴욕 타임스〉는 레이건의 1980년 대통령 선거운동을 위해 일했던 할퍼가 당시 카터 행정부의 외교 정책 계획에 대한 내부 정보를 수집 하기 위한 작전을 진두지휘했다고 보도했다. 아마도 그곳에 소마의 어리석은 행동을 설명할 만한 무언가가 있었는지도 모른다. 그는 뭔 가를 알고 있었다.

8월 11일, 사건 요원인 소마는 할퍼를 만났다. 그 자리에 FBI 직원 한 명도 동석했다. 요원들은 할퍼에게 조지 파파도풀로스에 대해 물 었고, 할퍼는 트럼프 고문에 대해 들어본 적이 없다고 말했다. 그리 고 그는 믿을 수 없는 말을 했다. 그는 난데없이 FBI 팀이 카터 페이지라는 개인에게 관심이 있는지 물었다. 소마가 "요원들이 카터 페이지를 어떻게 아느냐"고 묻자, 한 달 전인 2016년 7월 중순에 페이지가 할퍼가 참여한 사흘간의 회의에 동석했으며, 실제로 할퍼에게 트럼프 선거 캠페인의 외교정책 고문 역할을 부탁했다는 사실을 알게 되었다.

상상력을 동원해보자.

소마는 할퍼를 정보원으로 이용했다. 소마는 8월 10일에 카터 페이지에 대한 FISA 영장이 필요하다고 언급했다. 다음 날 할퍼는 소마와 다른 사건 요원이 참석하는 만남에 모습을 드러냈고, 페이지가 자신을 채용하려고 했기 때문에 그들이 카터 페이지에 관심이 있는지 갑작스레 물었다. 그뿐 아니라 할퍼는 "트럼프 선거 캠페인의 고위급 인사들 가운데 한 명이 가까운 시일 내에 접촉해 올 것으로 보인다."라고 말했다.

이건 마치 꿈이 이뤄지는 것과 같았기에 소마는 분명 누가 나 좀 꼬집어달라고 말했을 것이다.

혹은 "이걸 누가 믿겠어? 우리 들통나는 거야?"라고 말했을지도 모른다.

하지만 할퍼는 아직 끝난 것이 아니었다. 그는 자신이 트럼프 선거 캠페인의 선거본부장이었던 매너포트를 수년 전부터 알고 지냈고, 마이클 플린과도 알고 지냈다고 말했다.

이전부터 할퍼를 관리해왔음에도 불구하고, 소마는 할퍼가 크로스파이어 허리케인 조사의 타깃들과 어떤 관계를 맺어왔는지 몰랐다고 주장했다. 그의 말에 따르면, 할퍼의 연줄은 '뜻밖의 행운'이었다. 그는 감찰 수사관들에게 "솔직히…… 우리는 그 사람들을 알고 있는 할퍼를 운 좋게 만났다."라고 말했다.

크로스파이어 허리케인 팀의 나머지 사람들은 이것에 대해 어떻게 생각했을까?

"그들은 자신들의 운을 믿을 수가 없었다."라고 소마는 말했다.

솔직히 전체적인 그림 역시 완전히 믿기에는 문제가 있어 보인다. 나는 최대한 예의를 갖추어 '그건 완전 사기야'라고 말하고 싶다.

우리는 할퍼가 FBI에 거짓말을 했다고 말하는 또 다른 정보원을 안다. 바로 카터 페이지 자신이다. 페이지는 일류 기자 마고 클리블랜드Margot Cleveland에게 7월 10일 일요일에 로완 윌리엄스Rowan Williams 전 성공회 대주교가 주최한, 영국 케임브리지의 모들린 대학교에서 열린 만찬에 할퍼와 함께 참석했었다고 말했다. 페이지는 "약 열두 명의 사람들이 참석한 조촐한 저녁 식사였습니다…… 거의 모든 사람이 인사를 나누고 대화하는 자리였습니다."라고 말했다. 결국 페이지가 자신에게 먼저 접근했음을 암시하는 할퍼의 말은 이쯤 되면 믿기 힘들어진다.

페이지 역시 할퍼에게 트럼프 선거 캠페인에 합류해달라고 요청한 내용을 부인했다. 마치 그에게 트럼프 선거 캠페인 공동의장 샘 클로비스Sam Clovis의 용인 없이 그러한 역할을 승인할 수 있는 권한이 있기라도 한 것처럼 말이다. "그건 정확한 설명이 아닙니다. 나는 그에게 '트럼프 선거 캠페인의 외교 정책 고문이 되어달라'고 부탁한 적이 없습니다."라고 말하면서, 그들이 할퍼가 언젠가는 트럼프 측 선거 캠페인을 위해 일하는 방법에 대해서는 논의했을 수도 있음을 인정했다.

예술, 사회 과학 및 인문학 연구센터Centre for Research in the Arts, Social Sciences and Humanities가 주최한 케임브리지 대학교 행사 '세상을 바꾸는 레이스 2016'에 할퍼가 참석한 것도 납득이 간다. 이날 행사는 케임브리지 대학교 정치·국제관계학과 소속 교수인 할퍼가 강연했으며, 연구센터와 같은 건물에 있는 그의 학과가 이 행사를 지원한 것으로 알려졌다.

페이지가 어떻게 해서 그 행사에 참석하게 되었는지는—주최 측에서는 그의 행사 참석을 위한 왕복 요금까지 지불했다—여전히 수수께끼로 남아있다. 〈월 스트리트 저널〉에 따르면 5월 말이나 6월 초에 초청장이 도착했지만, 페이지는 누가 그 초청장을 보냈는지는 밝히지 않으면서도, 그 사람이 할퍼는 아니라고 했다.

이 일련의 일들은 정말 흥미롭다. 그리고 기획의 냄새가 난다. 타이밍만 봐도 그렇다. 3월 21일, 트럼프는 카터 페이지와 조지 파파도풀로스 등 다섯 명의 외교 정책 고문을 임명하는 인터뷰를 했다. 그들은 세간의 주목을 받는 직책을 맡아본 적이 없는 평범한 사람들이었다. 때문에 그들은 정보 작전의 이상적인 타깃이 되었다.

아니나 다를까, 파파도풀로스는 2016년 4월 경 러시아의 개입에 관한 이야기를 퍼뜨린 것으로 알려진, 미스터리에 싸인 조셉 미프수드의 연락을 받았다. 두 달 후 카터 페이지는 경비가 지원되는 초대장을 받았고 첩보술, 정치적 사보타주, 그리고 정보계 연줄을 대표하는 전직 CIA의 대부, 할퍼와 저녁 식사를 하게 되었다.

할퍼는 또한 내가 다른 부분에서 언급했듯이 크리스토퍼 스틸과 함께 일했던 영국 MI6의 전 수장 리처드 디어러브 경과 가까운 사이였다. 할퍼가 MI6 요원들을 얼마나 더 많이 알았는지는 아무도 알 수 없다. 케임브리지는 오래전부터 정보 자산을 획득하는 장소로 유명했다. 그중에는 소련의 스파이가 된 케임브리지 트리니티 홀Trinity Hall 학생들로 구성된 악명 높은 '케임브리지의 4인'도 있다. 따라서 전 CIA 부국장 레이 클라인Ray Cline을 장인으로 두고, 한때 뱌체슬라프 트루브니코프Vyacheslav Trubnikov 러시아 외무부 1차관을 자신이 쓴 국방부 연구논문에 지도교수로 올린 적이 있는 전 CIA 부국장 할퍼는, 광범위한 연줄을 갖고 있었을 가능성이 매우 커 보인다. 이들 중 누군가가 할퍼에게 카터 페이지의 이름을 언급하고, 그가 트럼프의 풋내기 고문이 타깃으로 삼을만한 인물이라는 정보를 제공했을 가능성은 없을까?

확실히 있었을 것이다.

페이지와 할퍼가 만난 지 불과 8일 만인 7월 19일, 크리스토퍼 스틸은 페이지가 로스네프트 측과 가지기로 되어 있던 만남에 관해 메모를 남겼다. 할퍼와 스틸 간의 간접적인 관계에 비추어 볼 때, 할퍼가 페이지에게 반트럼프 성향의 오르비스사 작전 정보를 제공했을 가능성이 있었을까?

확실히 있었을 것이다.

어떤 방식으로든 스틸을 움직이게 만든 할퍼가 스틸을 담당하던 요원 소마에게 페이지를 언급했을 가능성이 있을까? 할퍼가 소마 같은 베테랑 방첩 요원을 갖고 놀았을 가능성이 있을까? 소마를 속인 할퍼가 나머지 크로스파이어 허리케인 작전마저 구상하고 실행한 것일까?

확실히 그런 것으로 보인다.

혹은 FBI의 대 러시아 방첩 요원인 소마는 페이지가 러시아 스파이들의 표적이 되었다는 사실을 이미 알고 할퍼를 움직이고 있지 않았을까?

매우 가능성이 높아 보인다.

이런 질문들을 던지는 사람은 나뿐만이 아니다. 마고 클리블랜드는 다음과 같이 말했다. "이 증거는 누군가가 7월 중순에 페이지를 접촉하는 임무를 할퍼에게 부과했다는 점을 강하게 시사하며, 다음과 같은 몇 가지 의문을 제기한다. 할퍼는 CIA의 정보원이었을까, 다른 정보기관의 정보원이었을까, 아니면 스틸의 정보원이었을까? 소마는 할퍼가 크로스파이어 허리케인 팀과 이야기할 수 있도록 주선하기 전에 할퍼가 페이지와 만난 사실을 알고 있었을까?"

불행하게도, 법무부 감찰관은 소마와 할퍼의 '우연한 행운이었어요!'라는 우스꽝스러운 설명을 받아들인 것 같다. 그것은 분명 잠재적으로 유효한 우연 중 하나였을 수 있다. 하지만 이 일련의 사건들에는 너무나 많은 우연과 부주의한 결정들이 존재한다.

다음 장에서 설명하겠지만, 할퍼는 케임브리지 대학에서의 저녁 식사로 문제를 일으킨 전력이 있다. 2014년, 케임브리지 정보 세미나에서 그의 친구 디어러브는 당시 국방정보국 국장 마이클 플린과 만찬을 가졌다. 그 저녁 식사는 아직도 진행 중인 비방전의 시발점이었다. 스티븐 소마가 이 비방전에 할퍼가 개입한 것과 관련해서 무엇을 알고 있었는지를 알아보는 일은 흥미로울 것이다.

물론 소마는 입을 다물고 있다.

하지만 이 무능한 수사 남용의 촌극 속에서 일어난 일들을 생각해본다면, 독자 여러분은 그를 비난할 수 있겠는가? 나는 그럴 수 없을 것 같다.

7장

마이크 플린 중장을 몰락시키려는 시도

FBI와 뮬러 수사팀이 기소한 내용 가운데 전직 트럼프 대통령 국가안보보좌관이었던 마이클 플린 중장에 대한 기소보다 더 지저분한 일은 없었다. 그것은 차라리 박해에 가까웠다.

그 어떤 것도 그가 당한 권력 남용보다 더 은밀하고, 근거 없고, 부당하지 않았다.

플린은 2016년 12월 29일에 있었던 세르게이 키슬랴크^{Sergey Kislyak} 당시 주미 러시아 대사와의 대화와 관련해서 FBI에 거짓말을 한 혐의를 2017년 12월 1일 인정했다. 그것은 전체 러시아게이트 참사를 통틀어 큰 사건이었다. 플린은 트럼프 행정부 인사로서 세간의 주목을 받았다. 그는 여러 달 동안 선거 캠페인에서 적극적으로 활동했던 존중 받는 캠페인 팀원이었다. 또한 그의 기소 건은 뮬러 특검팀이 트럼프 측근을 상대로 얻어낸 첫 번째 유죄 선고가 될 것이었다. 그것은 터무니없는 마녀사냥이었던 전체 러시아게이트 수사를 정당화하는 데 사용될 수 있었다.

뮬러 팀의 홍보 논리를 주류 언론들은 사탕처럼 받아먹었다. 플린이 '거짓말'을 하고 있었다면, 플린이 '뭔가를 숨기고 있는' 것 또한 틀림없다는 논리였다. 그리고 '만약 트럼프의 측근이 뭔가를 숨기고 있다면, 분명 트럼프 주변에는 뭔가 불법적이고 불길한 일이 일어나고 있으리라'는 것이었다. '음모와 공모라는 이름의 노래를 부르자! 음모론을 퍼트리자!' 그것은 트럼프 캠페인의 잘못을 찾아내고 뮬러 수사의 존립을 정당화하며, FBI의 명예를 살릴 목적에서 이뤄지는 법무부의 로드 로젠스타인과 로버트 뮬러 특별검사의 수백만 달러 짜리 수사를 정당화하는 데 필요한 내러티브였다.

음모가 있었다는 증거는 많지만, 아이러니하게도 그것은 플린과는 아무런 관련이 없다. 오히려 그는 정교하게 조작된 검찰 수사의 표적이자 피해자였지 가해자는 아니었다.

4년이 넘는 기간 동안 플린의 주장을 뒷받침하는 증거들이 새어 나왔다. 이는 정보요원들이 이 3성 장군에 대한 허술한 혐의를 조작하고 그의 무죄를 증명하는 증거를 감추는데 집착했음을 시사한다.

이 모든 것을 설명하기 위해, 나는 세 개의 각기 다른 시나리오을 파헤칠 생각이다. 일부는 FBI와 정보계 그리고 워싱턴의 늪과 관련이 있다. 여기에는 러시아인들도 포함된다. 플린의 평판에 해를 끼치기 위해 고안된 비밀 작전과 선별적 사실 조작은 말할 것도 없고, 미국 정보요원들과 정부 고위 관리들의 적대적인 전술도 포함되어 있다. 플린 장군이 견고한 정보계 관료주의의 개혁을 요청한 전력이 있고, 트럼프 국가안보보좌관 시절 트럼프 팀을 향한 음모를 폭로하려 했던 노련한 정보 전문가였기 때문이다.

배경 이야기

xxxxxxxxxxxxxxxxxxx

전례 없는 마이크 플린 넘어뜨리기에 관한 이야기로 넘어가기 전에, 왜 그가 세 차례에 걸쳐 타깃이 되었는지 알려주고자 한다. 플린은 도대체 무슨 일 때문에 정보기관들로부터 엄청난 분노를 샀을까?

2009년 이라크 주재 합동특수작전사령부 정보책임자로 유명했던 플린은 스탠리 맥크리스털Stanley McChrystal 장군의 지휘 아래 아프가니스탄 정보책임자로 임명됐다. 강경론자인 맥크리스털은 미군이 8년 동안 주둔해 온 아프가니스탄에 대한 평가서를 작성해줄 것을 플린에게 요청했다. 플린은 아프가니스탄과 관련한 정보 평가에 진지하게 임했다. 그 결과는 칼럼니스트 맥스 부트Max Boot의 말에 따르면, '펜타곤 내의 작은 지진'을 불러왔다. 이것은 절제된 표현이다—그의 분석 결과는 버지니아주 랭글리에 있는 CIA 본부에도 영향을 미쳤다. 플린은 지휘 계통을 통해 보고서를 공유하지 않았다. 만약 그랬더라면 보고서는 국방부 관료조직 내에서 희석되거나 매몰되었을 것이다. 대신 그는 이 과정을 회피하고 '신 미국안보센터Center for a New American Security'라는 워싱턴 소재 연구소를 통해 비판적인 글을 발표했다.

아프가니스탄 전쟁이 발발한 지 8년이 지난 지금, 미국 정보계는 전반적인 전략에서 동떨어져 있다. 대부분의 수집 노력과 분석력을 반란군에게 쏟은 나머지, 이 거대한 정보 기구는 미군과 연합군이 활동하는 환경과 그들이 설득하려는 사람들에 대한 근본적인 질문에도 답을 내놓지 못하고 있다. 지역 경제와 토지 소유주들에 대해 알지 못하며 실세가 누구인지, 그리고 그들이 어떻게 영향을 받을 수 있는지에 관한 판단이 모호할 뿐만 아니라, 다양한 개발 프로젝트와 마을 사람들 간의 상관관계에도 관심이 없기 때문이다. 답을 찾기에 가장 좋은 위치에 있는 사람들로부터 유리된 미국 장교들은 고위급 의사결정권자들이 성공적인 게릴라전에 필요한 지식을 분석하고 정보를 찾는 것을 바라만 보며 어깨를 으쓱하는 것 외엔 할 수 있는 일이 없다.

이 보고서 때문에 플린은 유명해졌다. 그는 자신이 본 그대로 진실을 말하고 있었다. 그리고 그는 국방부 내에서 계속 승진하여 결국 1만7천 명의 직원을 거느리는 국방정보국의 국장이 되었다.

또 다른 의미에서 그 보고서는 그의 운명을 결정하는 데 일조했다.

그 보고서가 다른 첩보 프로그램들을 호명했기 때문이다. CIA가 수십 년간 아프가니스탄과 파키스탄에 있었다는 사실을 떠올려보라. 이 기관은 1980년대에 소련과 싸우기 위해 이슬람 단체 무자헤딘에 무기와 자금을 제공한 '사이클론 작전'을 기획했다. 탈레반이 생겨나는 데 도움을 준 CIA는, 그러고 나서 알 카에다를 타깃으로 삼는 결정을 내리는 중요한 역할을 했다. 따라서 마이크 플린은 CIA에 대해 자신이 내린 평가로 인해 무수히 많은 적을 CIA 내부에 만들었다. 그는 그들이 의미 없고 무지하며, 성공적인 게릴라전을 수행하는데 필요한 지식이나 정보를 제공할 수 없다고 평가했다.

그것은 분명 가차 없는 평가였다.

플린의 무뚝뚝한 태도와 독불장군식 관점 또한 장기적으로 그에게 불리하게 작용했다. 이라크와 아프가니스탄에서 지내는 동안, 그는 테러 지도자들을 제거하고자 하는 미국의 정책이 테러와의 전쟁에서 승리하겠다는 목표에 반하는 비효율적인 방법이라고 확신했다. 그는 그것이 승산 없는 싸움이라고 주장했다. 미국을 상대로 한 전쟁을 일으키기 위해 호시탐탐 기회를 노리는 피에 굶주린 선동가는 언제나 있기 마련이다. 그가 본 정보 보고서들은 오바마 행정부가 생각하는 것처럼 급진적인 이슬람 테러 위협이 줄어드는 게 아니라, 오히려 증가하고 있음을 알려주었다. 그는 국가정보가 부적절한 정치적 영향력에 잘못 휘둘리고 있다고 믿기 시작했다. 그것은 긍정적인 그림을 만들기 위해 선별되고, 잘리고, 다듬어지고 있었다.

"대통령을 위한 일간 브리핑과 국가안전보장회의 회의록을 읽어보고 나서 나는 분명히 알 수 있었다. 정보기관의 지휘 계통을 따라 올라오는 테러 위협에 대한 보고는 정부 고위급 관료들에게 전해지는 내용과는 매우 달랐다." 플린은 〈폴리티코〉의 한 기사에서 제임스 키트필드James Kitfield에게 이렇게 말했다. "그런 정보 덕분에 알 카에다와 다른 관련된 단체들이 도주하고 있는 게 아니라 빠르게 확산하고 있음을 분명히 알 수 있었다. 테러 공격이 증가하고 있었고, 이라크는 다시 불타오르기 시작했다. 적이 도주 중이고 우리가 테러리스트들을 이겼다는 것은 오바마의 큰 거짓말이었다."

플린은 중동에서의 체제 변경에 대한 보다 포괄적인 접근을 주장하기 시작했다. 그의 저서 『싸움의 장: 급진적 이슬람 및 그 동맹들과의 전 세계적 전쟁에서 승리하는 법』에서 그는 이렇게 썼다.

"급진 이슬람 테러리스트들을 소수의 미친놈으로 취급해서는 이 전쟁에서 이길 수 없다. 그들의 비도덕적인 행동의 정치적·신학적 토대를 해체해야 한다." 고정관념에서 벗어난 이런 생각은 플린을 오바마 권역에서 버림받은 사람으로 만들었다. 그는 2014년 제임스 클래퍼 국가정보국장과 마이클 비커스Michael Vickers 정보담당 국방차관의 권유로, 사실상 오바마에 의해 강제로 은퇴당했다. 국가안전보장국 국장인 마이크 로저스Mike Rogers 장군을 주인공으로 하는 기념식을 마지막으로 군을 떠나는 자리에서, 로저스는 그를 "지난 20년간 가장 뛰어난 정보책임자였다."고 평했다.

33년간 나라를 위해 봉사했는데, 그가 봉사한 나라의 권력자들은 그에게 터무니없는 해를 끼치려 했다.

첫 번째 기획

2019년 5월 24일, 러시아 태생의 영국 시민 스베틀라나 로코바Svetlana Lokhova는 5명의 피고인에 대한 명예훼손과 2,535만 달러의 손해배상 청구 소송을 연방법원에 제기했다. 맨 먼저 지목된 사람은 앞선 장에서 중추적인 역할을 하며 크로스파이어 허리케인 수사에 큰 영향을 미쳤던 FBI 정보원 스테판 할퍼였다. 66쪽 분량에 달하는 소송장 개요의 첫 단락은 매우 직설적이다.

1. 스테판 할퍼는 2016년 대선을 무효로 만들고 미국 대통령을 전복시키기 위해 무고한 여성을 끌어들인 쥐새끼이자 스파이다.

로코바가 유일한 희생자는 아니었다. 정보기관들은 그녀를 '부수적 피해(이 표현은 불법적인 스파이 작전에 그녀를 옭아매려는 '중상모략 캠페인'에 의해 삶이 거의 파괴될 뻔하고 의도치 않게 국제 스캔들에 휘말린, 어린 아이를 둔 한 어머니에 대한 모욕이다.)'를 입은 것으로 간주하려 했다.

그 불법적인 스파이 작전은 무엇이었을까?

일부 독자들은 로코바에 대해 잘 알지도 모르지만, 그녀의 이야기와 소송을 한 번 더 들여다보는 것은 마이클 플을 무너뜨리기 위한 첫 기획이 얼마나 엉성했는지를 보여주기 때문에 가치가 있다.

플린이 국가정보국 국장으로 취임한 지 2년째 되던 2014년 2월, 그는 케임브리지 대학교에서 대학원 과정을 마친 학생 로코바를 만났다. 플린과 로코바 모두 스테판 할퍼가 일부 개입한 것으로 알려진 만찬에 초대되었다. 할퍼는 카터 페이지가 시야에 들어오기 훨씬 전부터 타깃들을 포섭하는 수단으로 저녁 파티를 열었던 것으로 보인다. 만찬에는 할퍼의 동료인 리처드 디어러브 경(전 MI6 수장)과 로코바를 가르친 MI5 역사학자이자 케임브리지 대학교 교수인 크리스토퍼 앤드루Christopher Andrew가 참석했다. 이 세 명의 정보 전문가들은 정보계 사람들을 대상으로 일종의 '스파이들의 회합'으로 일컬어지는 '케임브리지 정보 세미나'를 운영하고 있었다. 주목할 점은, 로코바에 따르면 할퍼는 만찬에 참석하지 않았으며, 할퍼가 행사에 참석했다는 증거 사진도 아직 발견되지 않았다는 것이다. 할퍼로 추정되는 정보원이 플린과 로코바 사이의 수상한 행동을 만찬에서 목격했다고 FBI에 진술한 점을 감안하면 이는 매우 중대한 일이다.

플린은 런던 소재 국가정보국 연락 사무소 책임자인 동료 댄 오브라이언Dan O'Brien과 저녁 식사에 참석했다. 그 만찬은 꽤 성대한 행사였다. 오브라이언은 그곳에 약 20명의 대학원생이 있었고, 플린의 행동이나 대화에는 특이점이 없었다고 말했다. 그는 〈월 스트리트 저널〉과의 인터뷰에서 "부적절한 행동이라고 할 만한 것은 없었다."라고 말했다.

플린은 사실 로코바와는 마주쳤다. 그녀의 남자친구 데이비드 노스David North에 따르면, 플린과 로코바는 20분간의 공개 대화를 나눴다. 만찬이 끝난 후 로코바를 데리러 온 노스는 "플린은 그날 이후 로코바와 만나거나 대화를 나눈 적이 없다."고 말했다.

플린에 대한 조사를 종결하기 위해 작성된 2017년 1월 4일자의 FBI 문서 초안에 따르면, 한 비밀 인적 정보원(Confidential Human Source, CHS)은 만찬에서 로코바와 플린을 본 적이 있다고 요원들에게 말한다. (아마도 할퍼였을 것으로 추정된다) 다음은 FBI가 요약한 내용이다. 크로스파이어 레이저Crossfire Razor는 플린에게 FBI가 할당한 암호명이다.

CHS는 크로스파이어 레이저(CR)가 연설하는 것을 목격한 사건을 중계했다. CHS는 날짜에 대해 확신하지는 못했지만, 크로스파이어 레이저가 [미국 정

보계]에서 여전히 자신의 자리를 지키고 있음을 알아차렸다…… CHS는 CR
이 연설하고 [편집된 부분]의 회원들과 저녁 식사와 술자리를 함께한 후 [편
집된 부분]의 회원들이 기차역까지 데려다줄 택시를 잡아줄 거라고 CR에게
알려주었다…… CHS는 [편집된 부분]이 모두를 놀라게 했으며, CR의 택시에
올라 [편집된 부분]으로 가는 열차에 CR과 같이 탔다고 말했다.

    FBI가 케임브리지 대학과 관련이 있는 또 다른 소식통을 인터뷰
하지 않았다면, 실제로 이 이야기를 들려주는 비밀 인적 정보원은 할
퍼일 것으로 추정된다. 하지만 만약 로코바의 말대로 할퍼가 참석하
지 않았다면—로코바가 인터뷰에서 강한 어조로 나에게 말한 내용
이다—할퍼는 FBI에 거짓말을 한 것이다. 로코바가 플린과 함께 택
시에 타는 것을 보았다는 그의 충격적인 주장은 다음과 같은 두 가지
타당한 이유에 비추어 볼 때 완전히 조작된 것이다. 1) 할퍼는 파티
에 참석하지 않았다. 그러므로 2) 그런 일은 일어나지 않았다.
    여기에는 고통스러운 아이러니가 존재한다. 앞으로 살펴보겠지만,
플린은 결국 FBI에 거짓말을 한 혐의로 협박을 받았다. 반면 스테판
할퍼는 미국 정부로부터 그의 '창의적인' 서비스에 대한 보상을 받
았다.
    어느 한 인터뷰에서 로코바는 할퍼의 공격에 대해 그것은 정적의
명성을 더럽히는 교과서적인 '비밀 작전'이었다고 했다. 그는 "플린
을 러시아 태생 여성과 한 방에 둘 수 있는 순수 사교 행사가 필요했
던 것 같다."고 말했다. 목적을 달성한 할퍼는 그 사진을 자신의 파일

에 저장했다. 만찬에서 플린과 로코바가 가까웠다는 것이 후에 CIA
와 다른 정보기관을 '감히' 비판한 정보책임자 플린을 무력화시키기
위한 무기가 될 수 있다는 것은 간단한 사실이었다.

할퍼는 공모에 대한 환상을 충족시키기 위해 정교한 타이밍을 노
렸다. 그것은 정보요원들이 작전을 구상하고 난 뒤 가만히 앉아서 작
전이 개시될 때까지 기다리는 슬리퍼[17] 작전과 비슷한 것이었다. 케
임브리지에서의 저녁 식사가 그랬다.

두 번째 기획

마이클 플린은 2016년 2월부터 트럼프 선거 캠페인에 관여하기 시
작했다. 트럼프가 공화당 대통령 후보로 정해졌을 무렵, 플린은 공화
당 전당 대회에서 무대 위로 올라와 트럼프를 지지했고, 클린턴을 겨
냥해 "그녀를 감방에 가둬라!"라는 구호를 외치는 군중들의 행렬에
합류함으로써 영향력을 갖는 인물이 되었다. "가둬라! 가둬라!"라며
플린은 군중을 재촉했다. "그녀를 감방에 가두는 것에는 아무 문제가
없다!" 그는 외쳤다.

---

17   바로 작전을 개시하는 것이 아니라, 시간을 두고 기다리고 있다가 첩보 스파이로 일하는 사람
      을 슬리퍼라고 부른다. – 역자 주

트럼프 대통령 당선인은 승리 이후 플린 장군을 국가안보보좌관으로 발탁했다. 플린과 그의 아내는 인수위원회 관련 작업을 잠시 중단하고 짧은 휴가를 위해 크리스마스 이후 도미니카 공화국으로 떠났다. 한편, 오바마는 2016년 대선에 개입한 러시아를 응징하기 위한 것이라는 설명과 함께 행정 조치를 취했고, 러시아에 대한 구체적인 제재와 함께 러시아 외교관 35명을 미국으로부터 추방한다는 내용을 담은 행정명령 13757에 서명했다.

나는 이 조치의 타이밍을 강조하고 싶다. 러시아가 민주당전국위원회를 해킹했다는 의혹과 그 이후 일어난 민주당전국위원회 이메일들을 〈위키리크스〉에 폭로한 사건과 관련해, 러시아에 불리한 증거가 6월부터 축적되고 있었다. 2016년 10월 7일, 국토안보부와 선거안보 국가정보국은 다음과 같은 공동성명을 발표했다. "미국 정보당국(USIC)은 최근 러시아 정부가 미국 정치 조직을 포함한 미국 인사와 기관의 이메일 계정을 위협하도록 지시했다고 확신하고 있다. 최근 공개된 〈디시리크스닷컴DCLeaks.com〉이나 〈위키리크스〉 혹은 〈구시퍼Guccifer 2.0〉와 같은 온라인 페르소나에 의해 해킹된 이메일은 러시아 주도의 해킹 방법과 일치한다. 이러한 절도는 이어지는 미국 선거 절차를 방해하기 위한 것이다."

오바마는 푸틴에 대한 반격을 왜 그렇게 오랫동안, 그것도 거의 석 달이나 유보했을까? 푸틴을 자극해서 결과적으로 러시아가 더 많은 혼란을 유발하는 것이 두려웠을까? 아니면 트럼프가 대선에서 승리하는 경우에 대비해 도널드 트럼프의 충격적인 대선 승리를 부정하기 위한 때를 기다렸을까?

행정부는 러시아 외교관의 추방 발표가 위기를 촉발할 것으로 예상했다. 가능한 반작용에 대해 시나리오를 만든 정보전략가들은 러시아가 차기 트럼프 행정부와 국가안보팀에 손을 내미는 경우를 포함한 여러 가지 대응을 예상했을 것이다. 그것은 결국 로건 법^{Logan} ^{Act}이라는, 거의 알려지지 않았고 한 번도 기소에 성공하지 못한 법의 위반을 초래할 수도 있었다. 1799년에 통과된 이 법은 미국 시민들이 '미국과의 분쟁이나 논쟁에서 미국의 조치를 거스르기 위해 외국 정부나 외국 정부의 관리나 대리인과 하는 그 어떤 통신 혹은 교류'도 금지한다. 기소 목적으로는 220년이 넘는 기간 동안 정확히 한 번 사용되었다.

하지만 러시아가 '차기 행정부'의 누군가에게 손을 내밀었다면, 사법당국이 어떻게 그것을 알겠는가? 그들은 영장 없이는 트럼프 팀을 감시할 수 없었다. 그들도 미국 시민들이었다. 하지만 FBI는 운이 좋았다.

혹은 그것은 단지 운이 아니었을 수도 있겠다.

국가안보 차원에서 정보당국은 키슬랴크 러시아 대사의 전화 통화를 감시했다.

FBI에 따르면 러시아에 대한 제재가 발표되던 날, 차기 대통령의 국가안보보좌관인 마이클 플린은 세르게이 키슬랴크 당시 러시아 대사로부터 '전화 좀 주실 수 있을까요?'라는 내용의 문자를 받았다.

플린은 다음 날까지 그 문자메시지를 못 봤다고 했는데, 그것은 이해할 수 있는 일이다. 그는 휴가 중이었다. 문자메시지를 확인했을 때도, 그는 15분에서 20분 안에 통화할 수 있다고 문자를 보냈다.

그 순간까지도 플린은 세상과 동떨어진 채 느긋하게 시간을 보내고 있었음을 기억하라. 이것은 중요한 문제다. 이 일은 도미니카 공화국의 해변 휴양지에서 일어났다고 알려져 있다. 사람들이 휴가 때 무엇을 하는지를 아는 건 그리 어렵지 않다. 여러분은 심지어 그것이 여행객들이 도미니카 공화국으로 가는 목적이라고 말할 수도 있다. 그러므로 플린이 키슬랴크의 문자메시지를 읽었을 때는, 오바마가 러시아인들을 추방한 것과 관련한 상세 내용조차 몰랐을 가능성이 컸다.

플린은 이어 트럼프 인수위원회 위원들과 함께 마르 아 라고Mar-a-Lago의 부국가안보보좌관으로 임명된 케이틀린 트로이아 맥팔랜드Kathleen Troia McFarland에게 전화를 걸어 키슬랴크에게 전할 메시지 문제를 논의했다. 이는 차기 행정부를 위한 책임 있는 행동으로 보인다.

로버트 뮬러 검찰팀이 제출한 법정 기록에 따르면, 그 통화는 감청되었다. 문서에는 플린과 맥팔랜드가 '차기 행정부의 외교 정책에 영향력을 미치는 미국의 제재에 대해 논의했다'고 나와 있다. 이와 함께 맥팔랜드 부보좌관은 "트럼프 팀원들은 러시아가 상황을 고조시키는 것을 원하지 않는다."라고 전했다.

플린은 키슬랴크에게 전화했다. 플린은 통화에서—이 통화 역시 감청되었다—'러시아가 상황을 악화시키지 말고 미국의 제재에 상호적인 방식으로만 대응할 것'을 요청했다.

그리고 2016년 12월 30일, 블라디미르 푸틴 대통령은 성명을 내고 러시아가 제재에 대해 보복 조치를 취하지 않을 것임을 공언했다.

FBI가 키슬랴크의 통화를 감시하고 있었다는 말은 앞서 했다. 하지만 누가, 어떻게 플린과 맥팔랜드의 통화 내용을 감시했을까?

몇 가지 추측들이 있다. 하나는 플린이 별도의 감시 활동 대상이었고, FBI는 그의 전화기를 감청하고 있었다는 것이다. 또 다른 이유는 플린의 위치에는 안전한 통신 채널을 보장할 수 있는 특수정보 시설이 없었다는 것이다. 그래서 CIA와 긴밀히 일하는 몇몇 정보기관들을 포함한 다른 정보기관들에 그의 통화가 노출됐을 가능성도 있다. 이번 장의 앞부분에서도 설명했듯이 CIA에는 플린을 좋아하는 사람들이 많지 않았다. 그런 그들이 그의 통화 내용을 확보해 서로 공유하지 않았을까?

FBI와 뮬러 특검팀은 정보 보고서에 기록되어 있는 그 통화 내용에 플린의 이름이 언급됐다고 주장했다. 미국 해외정보감시법(FISA)은 일반적으로 감시 작전 중에 포착된 미국인의 신원은 보고서를 접수할 때 반드시 가리거나 숨겨놓아야 한다고 규정하고 있다. 이것은 그들이 "행정부 소속 인물 1"과 같이 광범위하고 특정하지 않은 용어로 식별된다는 것을 의미한다.

그렇다면 왜 플린이란 이름이 언급되었을까?

'플린 넘어뜨리기 사건'의 피날레에서 비중 있게 등장하는 샐리 예이츠 법무장관 권한대행이 후에 설명했듯이, 플린의 이름은 실제로 '감춰진' 적이 없었기 때문에, 이름을 밝힐 일도 없었던 것이다. "미국인의 신원을 알고 있어야만 정보의 가치가 있는 경우에는, 최소화 요건을 무시할 수 있다."라고 그녀는 말했다. 그리고 예외가 있다면 그것은 '범죄의 증거인 경우'라고 덧붙였다.

이 이상한 논리가 이해가 가는가? 플린이 신임 국가안보보좌관으로서 임무를 수행하고 키슬랴크 대사와 대화함으로써 그 누구도 실제로 기소된 적이 없는 터무니없는 법을 위반했을 수 있다는 논리 말이다.

그 정보 보고서를 읽는 사람이 플린의 정체를 모르는 상황에서는 플린이 러시아 대사와 대화하는 일(그렇게 함으로써 그 누구도 실제로 기소된 적이 없는 법을 위반한 일)의 중요성을 이해하지 못할 것이기 때문에, 외국 요원을 감시하는 정보 보고서에 플린의 이름을 올리는 것이 완전히 합법적이었다는 것이, 납득이 되는가?

오바마 요인

예이츠가 말하는 일들의 순서가 실제 일어난 일들과는 완전히 일치하지 않는다. 이제 플린의 이름이 가려지지 않은 또 다른 정확한 이유를 알게 되었다. 바로 그가 주요 타깃이었기 때문이다. 오히려 백악관이 지시한 소탕 작전으로 보이는 작업에서 그가 눈에 띄었기 때문이다. 플린과 키슬랴크 사이의 전화 통화를 어떻게 알게 되었는가에 관한 진실을 드러낸다는 사실을 전혀 모르는 채, FBI 부국장 앤드루 맥케이브가 자기 만족적인 책에 관련 내용을 모조리 적어 놓았기 때문이다.

맥케이브와 또 다른 전직 오바마 행정부 소식통에 따르면, 백악관은 오바마가 12월에 내린 제재 조치와 메릴랜드 주와 뉴욕 등 두 곳에서 러시아 외교관들을 추방한 것에 대해 러시아가 보인 반응에 놀랐다고 했다. 그들은 격한 반응을 예상했다고 주장하지만, 나는 그렇지 않았을 것으로 확신한다. 푸틴은 차기 트럼프 행정부의 반응을 가늠하고 싶은 관계로, 시간적 여유를 갖고 기다렸을 가능성이 크다. 예상대로 푸틴 대통령의 측근들은 대기했고, 러시아 지도자는 그에 따른 보복 조치로 누군가를 추방하지는 않겠다고 발표했다. 오바마의 정보팀은 쉽게 예상할 수 있는 이 움직임에 충격을 받은 척했다. 매일 아침 오바마 대통령을 위해 정보 개요를 종합하는 대통령 일일 브리핑(PDB) 팀은 특히 놀랐다고 주장했다. 무슨 일이 있었는지에 대한 맥케이브의 설명은 다음과 같다.

PDB 직원들은 푸틴이 왜 그런 선택을 했는지에 대한 정보평가서를 쓰기로 했다. 그들은 정보계 누구든 검토할 수 있도록 그 이슈에 대한 정보를 내놓으라고 요청했다. 그에 대응해 FBI는 자신들이 가진 내용부터 조사했다. 우리는 마이크 플린 백악관 국가안보좌관 내정자가 세르게이 키슬랴크 주미 러시아 대사와 여러 차례 대화를 나눴고, 대화 중에 제재 조치가 논의되었다는 정보를 우연히 입수했다. 이 정보는 12월 29일 이후로 우리가 가지고 있던 것이다. 나는 사전에 그 정보를 알지 못했었다. 내가 받은 인상은 FBI의 대방첩팀

내 고위 간부들 역시 그것을 몰랐다는 것이다. PDB는 그 정보에 관한 관심을 우리에게 촉구했다.

한 분석가가 그 정보를 나와 공유했다. 나는 그것을 코미와 공유했다. 코미는 그것을 제임스 클래퍼 국가정보국장과 공유했다. 그리고 클래퍼는 그것을 오바마 대통령에게 구두로 브리핑했다.

오바마의 측근들은 미국 정보기관과 사법당국에 최근 자산을 전부 철저히 조사하라고 지시했고, 그 전화 통화를 의심스러운 것으로 판단하지 않았던 FBI는 오바마와 그의 팀이 찾고자 했던 것을 정확히 찾아냈다. 신원을 가리지 않았던 이유는 예이츠가 주장한 대로 문맥을 제공했기 때문이 아니었다. 대통령 일간 브리핑 담당자가 러시아의 대응에 대한 조사를 지시했고, 전화 통화는 그 조사에 대한 답이었기 때문에 굳이 신원을 감출 필요가 없었던 것이다. 그가 키슬랴크와 나눈 통화는 추적되었고, 그것은 우연히 러시아식 수사에 걸려든 결과로 감시받게 된 것이 아니었다. 플린은 애초부터 줄곧 타깃이었다.

오바마가 이미 플린에게 앙심을 품고 있었다는 점을 기억하자. 그는 이전에 플린을 해고했었다. 이 시나리오에서는 플린을 해임하는 데에 역할을 한 것으로 알려진 클래퍼가 찾아와 플린이 비밀리에 정책적 거래를 해왔다고 대통령에게 보고했다. 오바마의 반응을 상상할 수 있겠는가? 주류 언론은 항상 오바마를 냉철한 성인으로 묘사한다. 그러나 그는 분노로 몸을 떨었을 것이다. 그는 마침내 러시아가 저지른 것으로 추정되는 선거 개입을 비난했고, 플린이 키슬랴크에게 손을 내밀고 전화 통화를 했다는 것을 알아냈다. 오바마와 클래퍼가 플린에게 악감정을 품은 것만 보아도, 물러나는 행정부가 플린 장군을 봐줄 것으로 생각할 사람이 과연 있을까?

플린은 PDB 팀이 그들이 필요로 하는 전화 통화 정보를 얻자마자 죽은 사람이나 다름없었다. 퇴임하는 정부의 마지막 순간 작성된 수전 라이스의 이메일은 점점 더 오바마와 플린 잡아들이기 작전의 명백한 알리바이처럼 보였다.

물론 플린의 신원이 명시된 또 다른 무언의 이유가 있었다. 바로 러시아와 공모한다는 거짓 내러티브를 조장해 새 정부를 불안정하게 만들기 위해서였다.

이 일련의 사건들이 혼란스러운가? 그럴 수 있다. 키슬랴크와 플린의 대화는 오바마 행정부가 다른 나라들과의 정책 논의에서 손을 떼라는 의심스러운 요청에 대한 도발이었을지 모른다. 하지만 플린의 행동이 이해되는가? 물론이다. 트럼프는 향후 4년간 오바마가 아니라 러시아를 상대해야 했다. 플린이 키슬랴크의 전화에 답을 하지 않는 것은 전술적으로나 외교적으로나 어리석은 일이었을 것이다. 그리고 트럼프 팀이 푸틴과의 긴장을 완화하기를 원하는 것은 책임감 있는 일이었다. 플린에게는 자기가 해야 하는 일을 한 죄밖에 없었다. 그리고 말해 두자면 그 남자는 휴가 중이었다. 그는 여러 번 전화를 걸기 전에 칵테일 한두 잔을 마셨는지도 모른다. 그의 새로운 직책의 중요성을 감안할 때, 그가 무수한 일들 속에서 특정한 전화 통화를 완벽하게 기억하기를 기대하는 것은 터무니없는 일이다.

하지만 일주일 만에 그러한 통화 내역이 정보 브리핑에 올라왔고, 그것이 플린에게는 종말의 시작이었다. 비극적인 일련의 사건들을 보았을 때, 모든 것이 미리 계획되어 있었는지를 궁금해하지 않는 것은 불가능하다. 미래의 국가안보보좌관이—버락 오바마가 이전에 해임했고, 트럼프와의 만남에서 '나는 플린을 좋아하지 않습니다'라며 악담을 했던 대상이—출국하자마자, 오바마는 러시아에 제재를 가했다. 이것은 큰 그림에서 러시아와 트럼프의 승리를 우회적으로 공격한 이야기다. 당연히 트럼프의 정권인수위원회도 반응할 것이었다. 푸틴 역시 발끈할 것이었다. 그리고 물론 플린은 휘말리게 될 것이었다.

바로 그가 도미니카 공화국에 있었을 때, 그래서 보안 통신을 사용할 수 없었을 때 말이다.

정보 수집의 첩보 영화 같은 세계에서 우연이란 없다. 그건 철저히 기획된 것이었다.

3막으로 이루어진 넘어뜨리기 작전의 두 번째 부분이 완성되었다.

세 번째 기획

물론 마이클 플린이 현미경 속의 감시 대상이 된 또 다른 이유가 있었다. 바로 코드명 '크로스파이어 허리케인 작전'으로 불리는, 트럼프 팀에 대한 FBI의 수사 때문이었다. FBI는 조지 파파도풀로스, 폴 매너포트, 카터 페이지에 대한 별도의 방첩 조사를 2016년 8월 10일에 시작했고, 일주일 뒤 플린을 그 목록에 추가했다. 8월 10일에서 16일 사이에 무슨 일이 있었길래 FBI가 플린을 목록에 추가한 것일까?

8월 11일 고용된 스파이 스테판 할퍼는 그의 오랜 담당자인 FBI 특수 요원 스티븐 소마를 만났다. 할퍼는 로코바와 플린과 함께한 만찬에 대해 언급했을까? 뒤늦게 우리가 알게 된 바와 같이, 그의 설명에 부합하는 누군가가 분명 FBI 만찬을 언급했다. 우리는 또한 감찰관 보고서를 통해 할퍼가 자신의 모임에서 플린을 언급했다는 것을 알고 있었다. FBI는 그들의 속셈을 드러내지 않았다. '플린이 국가안보에 위협이 될 수도 있는 러시아 연방을 위한 활동에 개입되었을 수도 있다'라는 우려에 기반해 새로운 작전을 추가하는 것을 정당화했다.

그러므로, FBI가 키슬랴크를 감시하는 와중에 플린 장군의 통화 녹취록을 받았을 때, 크로스파이어 허리케인 수사관들이 의심하는 표정을 짓게 된 것은 당연했다. 차기 행정부의 명성에 흠집을 내야 하는 짐 코미 FBI 국장 팀의 절박한 심정을 감안했을 때, 키슬랴크와의 통화 소식이 클릭 수 장사에 혈안이 되어 반트럼프 내용으로 도배하는 진보 언론 매체들에게 새어 나가는 것도 당연한 수순이었다.

〈워싱턴 포스트〉 칼럼니스트 데이비드 이그나티우스David Ignatius는 트럼프 대통령 취임 며칠 전인 2017년 1월 12일, 미국 정부 고위 관계자의 말을 인용해 "오바마 행정부가 해킹과 관련해서 35명의 러시아 관리들에 대한 추방 조치를 발표하던 12월 29일에 플린이 세르게이 키슬랴크 러시아 대사에게 여러 차례 전화했다."라고 폭로했다.

이그나티우스가 그의 기사에서 암시한 정보는 곧 주류 언론에서 공모 판타지를 부풀리는 사람이라면 누구에게라도 먹잇감이 되었다. 다음 날, 숀 스파이서Sean Spicer 백악관 대변인은 제재가 논의된 것을 부인했다. 1월 15일 마이크 펜스Mike Pence 부통령 당선자는 〈페이스 더 네이션〉에 출연해 "그들은 미국의 외교관 추방이나 러시아에 대한 제재와 관련하여 어떤 것도 논의하지 않았다."고 말했다.

펜스는 플린이 그에게 말한 내용을 근거로 삼았다. 하지만 FBI가 키슬랴크와의 통화 내용을 받아적었으리라는 사실을 잘 아는 숙련된 정보 전문가인 플린이 무엇 때문에 미국 부통령에게 거짓말을 했을까?

나는 이 질문에 대한 답을 여기서 내놓지는 않겠다. 하지만 이 질문을 잘 기억해두라.

펜스의 TV 출연은 마이클 플린에게 결과적으로 치명적이었다. 방첩 전문가들에 따르면 그것은 이론적으로 플린을 수세에 몰리게 했다. 플린은 키슬랴크와 제재에 관해 얘기했다. 러시아인들은 이것을 알았기 때문에 플린에게 행사할 수 있는 영향력을 가지고 있었다. 그들은 그가 그의 상관에게 '거짓말'을 했다는 사실을 알고는, 차기 트럼프 내각의 일원인 인물에게 협박을 가하거나 영향을 미칠 수 있었는지 모른다.

1월 19일, 샐리 예이츠 법무장관 권한대행, 제임스 클래퍼 국가정보국장, 존 브레넌 CIA 국장, 짐 코미 FBI 국장이 만나 플린이 스파이서와 펜스를 오도하고 있다는 경고성 메시지를 트럼프에게 전달하는 방안을 논의했다. 하지만 자기 요원들이 플린을 공모 혐의로 조사하고 있음을 알았던 코미 전 국장은 그 생각에 반대했다.

FBI 팀은 플린에게 접근할 계획을 구상 중이었다.

실은—그 실체대로 말하자면—FBI 팀은 플린을 함정에 빠트릴 음모를 꾸미고 있었다.

짐 코미는 방송에 출연해 그것을 자랑했다. 전 FBI 국장은 2018년 12월 13일 인터뷰에서 자신의 요원들이 백악관 법률 고문 사무실에 물어보지도 않고 플린과의 인터뷰를 주선했다고 시인했는데, 이것은 백악관과 FBI 사이에 확립된 범죄 처리에 관한 규약을 위반한 것이었다. 다시 말해, 그들은 변호인이 부재한 상태에서 적극적으로 플린을 인터뷰하려 했다는 것인데, 이것은 바로 FBI가 조지 파파도풀로스와의 첫 인터뷰에서 한 행동과 같다. 변호사들은 의뢰인에게 FBI 요원들과 이야기하지 말라고 자주 충고하기 때문이다. 코미 전 국장은 실제로 '기획'이라는 단어를 사용하지 않았지만, 플린과의 인터뷰에 대해서는 "내가 하지도 않았을 일이고, 좀 더… 조직적인 행정 기관에서 몰래 했을 만한 일"이라고 말했다.

코미의 '몰래 했을 만한'이라는 표현은 놀랍다. 그는 플린을 속이는 것과 국가안보보좌관을 법적 함정에 빠트리는 것에 대해 이야기한 것이다. 그의 요원들은 플린을 가장 쉬운 함정으로 유인하려고 했다. 그것은 바로 FBI 요원에게 거짓말을 하는 것이었다.

플린을 안심시키기 위해 FBI 내부자들은 또다시 언론을 이용했다. 1월 23일 〈워싱턴 포스트〉는 "FBI가 플린의 러시아 대사와의 전화 통화를 검토했지만, 불법은 발견하지 못했다."라는 제목의 헤드라인을 실었다. 이 글의 모든 단어는 실제로는 걱정거리를 한가득 안겨주는 것이었음에도 불구하고 플린이 걱정할 게 없다고 생각하게 하기 위한 오도의 전형이었다. 미국 당국자는 "플린의 세르게이 키슬랴크 러시아 대사와의 접촉은 감청되었지만, 플린 본인은 수사의 적극적인 타깃이 아니다."라고 말했다.

그 말을 믿으라는 것인가.

〈워싱턴 포스트〉는 FBI와 플린 장군을 둘러싸고 흘러나온 정보를 바탕으로 11일 사이에 두 번이나 기사를 냈다. 1월 12일, 데이비드 이그나티우스는 첫 번째 기사에서 플린을 폭로한 것으로 보인다. 두 번째 기사는 그에게 별다른 문제가 없다고 이야기하는 것처럼 보였다. 이 두 기사를 쓴 기자들만이, 인용된 해당 '미국 관리들'이 누구인지 확실히 알고 있다. (보도에 따르면, 이그나티우스의 정보원은 미국 국방부 총괄평가국 국장인 제임스 베이커James Baker 대령일 수도 있다. 두 사람은 자주 함께 식사한 것으로 알려졌으며, 베이커도 같은 시기에 플린의 주요 적수인 스테판 할퍼를 위한 대금지불과 계약을 승인했다.) 그러나 그 정보원들이 〈워싱턴 포스트〉의 엘렌 나카시마Ellen Nakashima와 그렉 밀러Greg Miller에게도 먹잇감을 주고 있었다는 것은 상당히 분명해 보였는데, 그것은 사실과 완전한 허위 정보의 혼합물이었다. 마이클 호로위츠 감찰관 보고서에서 분명히 언급했듯이 플린은 늦어도 2016년 8월부터는 타깃이 되었다.

이 두 번째 기사가 기획의 일부인 이유는 무엇일까? 당시 마이클 플린의 마음 상태를 상상해보자. 그는 세상의 꼭대기에 있는 기분이었을 것이다. 그는 대통령의 국가안보보좌관으로서 미국을 보호하고 방어하는 꿈의 직업을 가졌다. 그가 언제나 원했던 중동 정책을 추진할 수 있게 되었고, 테러와의 전쟁에서 승리할 수 있게 된 것이다. 그리고 그는 마침내 수십 년 동안 국가 관료주의를 괴롭혀 온 딥스테이트의 정보를 폭로할 수도 있게 되었다. 하지만 이 모든 것 대신, 그는 머지않아 곤경에 처한 자신의 소문을 듣게 된다. 곧 트럼프 행정부를 돕는 대신 피해를 주게 될지가 시간 문제였다. 그러고 나서 그는 일터로 와 그의 무죄를 입증하는 것으로 보이는 〈워싱턴 포스트〉 기사를 읽는다. 그 기사에는 그가 조사 대상이 아니라고 쓰여 있다. 플린이 자신이 범죄를 저지르지 않았음을 고려했었다면, 그는 큰 안도감을 느꼈을 것이다.

그리고 그것이 바로 FBI가 원하는 것이었다. 그가 안전하다고 느끼는 것, 편안하게 생각하며 위협을 느끼지 않는 것, 그리고 말할 준비가 되었다고 생각하는 것. 그는 FBI를 신뢰했고, 그들을 그가 새로 맡게 된 국가안보 관련 직책에서 반드시 맞서 싸워야 할 싸움의 파트너로 보았다. 안타깝게도, 그것은 큰 실수였다.

하지만 같은 날 두 번째 기사가 나오자, 피터 스트르조크와 리사 페이지는 대단히 긴장하고 있었다. 스트르조크는 다음 날 백악관에서 플린을 인터뷰할 준비를 하고 있었다. "내 심장이 크게 뛰는 것을 느낄 수 있어"라고 리사 페이지는 플린을 괴롭히는 그녀의 FBI 남자친구에게 문자메시지를 보냈다. "난 이 일이 완전히 잘못된 길로 들어

설지도 모를 모든 가능성에 너무 큰 스트레스를 받고 있어."

"알아."라고 스트르조크는 짤막하게 답했다.

플린은 크로스파이어 허리케인 작전의 FBI 거물들에겐 중요 인물이었다. 인터뷰로 이어지기까지는 여러 번의 검토와 전략 세션이 있었다. 플린 수사 종료 준비를 위한 1월 4일자 FBI '통신 종결' 메모 초안에 따르면, 수사 결과 '코드명 크로스파이어 레이저(플린)'가 러시아인들에 의해 포섭되었다는 부정적인 증거는 발견되지 않았다. 다음 단계는 수사를 종결하는 것이었다.

"이러한 객관적인 출처로부터 부정적이거나 실마리가 되는 어떤 정보가 확보되지 않으면 추구해야 할 조사 방법과 기법의 수가 줄어든다. FBI 지도부의 지시에 따라, '크로스파이어 레이저'는 사건 종결 절차의 일환인 인터뷰를 하지 않았다. FBI가 이 수사를 종결 중이다."라고 메모에는 쓰여 있었다.

하지만 같은 날 피터 스트르조크는 자신의 팀에게 다른 문자메시지를 보냈다. "아직은 아니야." 존 솔로몬이 보도한 문자메시지에 따르면, FBI 본부의 7층에 있는 FBI 고위 관리들은 '크로스파이어 레이저'에 대해 다른 생각을 갖고 있었다.

스트르조크는 2017년 1월 4일 "아직 레이저 사건을 종결하지 않았다면, 종결하지 마"라는 내용의 문자메시지를 리사 페이지에게 보냈다.

그러자 "사건은 아직 진행 중이고, 난 여전히 담당자야"라는 대답이 돌아왔다.

"알겠음. 좀 더 일찍 말해줄 수가 없었어. 일단 종결하지 말고 열어 둬"라고 스트르조크는 문자를 보냈다. 또 다른 문자메시지에서 그는 이 지시가 어디에서 왔는지 덧붙였다. "7층과 관련되어 있음."

플린 수사는 그저 열린 채로 남아있었던 것은 아니었다. 사전 증거가 부족했음에도 불구하고 더 힘을 얻고 있었다. 분명 키슬랴크와의 전화 통화는 플린을 끈질기게 괴롭히는 FBI 관계자들에게는 새로운 공격 지점이 되었다. 그리고 수사관들은 기획 인터뷰를 위해 플린에게 어떻게 접근하는 것이 최선일지 고심했다. 그들이 그를 우스꽝스러운 러시아 공모 판타지와 연결하려고 애쓰는 동안 4개월이라는 시간이 흘러갔다. 이제 그들에게는 마지막 기회가 주어졌다.

하지만 이 시점에서 수사관들에게 그 마지막 게임은 무엇을 의미했을까? 매너포트의 수사는 진행 중이었지만 혐의 대부분은 러시아 공모와 전혀 무관한 돈세탁과 세금 관련 문제였다. 파파도풀로스의 조사 역시도 많은 결과를 얻지 못했다. 시카고의 FBI 요원들은 변호사 없이 그를 인터뷰하는 데 성공했다. 그리고 우리가 지금 알고 있듯이, 그들은 그를 유효성이 입증된 '1001 기소(연방 요원에게 거짓말을 한 행위를 일컫는 법적 코드)'에 처하게 했다. 하지만 할퍼와 다른 정보원들은 조지 파파도풀로스를 어떤 러시아 작전과도 연결짓지 못했다. 카터 페이지의 경우, 그를 타깃으로 삼으며 얻어낸 FISA 첩보 영장의 모든 감시 능력에도 불구하고, 그들은 스틸의 주장을 입증할 수 있는 어떤 내용도 찾지 못했다.

그들은 모든 내용을 버무려서 플린에 대한 정보를 얻어야만 했다.

그가 협조하게 하고, 트럼프 주변에 있는 다른 인사들에게 오물을 뒤집어씌울 수 있는 무언가를 얻어내야만 했다.

2020년 4월 말, FBI 내부 일을 포착한—플린 수사 종결에 관한 충격적인 1월 4일자 정보도 포함해서—많은 기록들이 마침내 빛을 보게 되었다. 또한 복수의 보도에 따르면 크로스파이어 허리케인 팀의 감독관들 가운데 적어도 한 명(FBI 고위 관리 빌 프리스텝)이 플린을 수사하는 일에 대해 큰 의구심을 가졌다. EP(에드워드 윌리엄 프리스텝은 FBI 방첩국 부국장의 정식 이름이다)라는 첫머리 글자가 새겨진 2017년 1월 24일자 친필 메모는—'24'자의 '4'자가 훨씬 더 짙게 표시돼 있는데, 수정됐음을 의미하는 것일 수 있다—플린 조사를 둘러싼 윤리적인 질문으로 가득 차 있었다.

메모에 따르면 프리스텝은 플린을 조준하는 것에 대해 확신이 없었다. 그는 "플린이 인정하지 않는다면 우리는 그에게 [편집된 부분]을 보여주지 말아야 한다는 것에 나는 동의한다."라고 썼다. "어젯밤에 생각해봤는데, 우리는 이 문제를 다시 생각해야 할 것 같다."

그런 다음 그는 중요한 질문을 던졌다. "우리의 목표는 무엇인가? 사실을 인정하는 것인가, 아니면 그의 기소나 해고를 위해 그가 거짓말을 하게 만드는 것인가?"

그는 답을 알고 있었다. "우리는 플린과 러시아인들에 관한 사건을 진행 중이다. 우리의 목표는 이 사건을 해결하는 것이다. 우리의 목표는 마이크 플린이 러시아와의 관계에 대해 진실을 말할 것인지를 결정하는 것이다."라고 덧붙였다.

프리스텝은 플린과 협력적으로 일하는 것에 무게를 두고 있는 것처럼 보였다.

"우리는 조사 대상자들이 잘못을 인정하도록 목표를 가지고 정기적으로 증거를 보여준다. 누군가를 관대하게 대하면서 그가 잘못을 인정하도록 하는 것이 어떻게 가능한 것인지 모르겠다."라고 그는 썼다.

그는 또한 플린을 로건 법 위반 혐의로 기소하는 것이 법무부로서는 최선의 방법임을 시사했다. "법무부에 사실을 알려주고, 그들이 결정하게 하자."

그러나 전체 메모에서 가장 비판적인 부분은 프리스텝이 경계했던 내용을 보여준다. 그것은 불필요한 인터뷰를—그들이 이미 녹취록을 가지고 있는 키슬랴크와의 통화 내용, 그리고 그들이 이미 사실이 아닌 것으로 판정내린 플린과 관련한 러시아 공모 의혹에 대한 인터뷰였다—통해 플린이 실수하게 만드는 것이었다. 메모의 맨 뒷부분에는 간단한 두 문장이 예언적 경고처럼 남아있다.

"만약 우리가 게임을 하는 것으로 비춰진다면, [백악관]은 격노할 것이다. 게임을 하지 않는 편이 우리 기관을 보호하는 길이 될 것이다." 프리스텝은 이 터무니없는 계획이 탄로됐을 때 터져 나올 것으로 예상되는 비난에 대비해 자신을 보호하려고 한 것처럼 보인다.

그 문서에서 스트르조크는 FBI 요원들에게 거짓말하는 것이 범죄라는 것을 플린에게 알릴 의무가 있는지도 논의했다. 리사 페이지와 스트르조크는 이 문제를 논의하기 위해 서로 이메일을 주고받았는데, 그것은 플린에게 그 사실을 인터뷰 시작 전에 알려야 할지, 아니면 FBI가 사실이 아님을 알고 있는 무언가를 그가 말한 후에 알려야 할지에 대한 내용이었다. 왜 그들은 FBI 요원에게 거짓말하는 행위의 중요성을 일부러 약하게 보이도록 만들려 했을까? 아마도 플린을 방심하게 해 실수하게 만들고 싶었기 때문은 아니었을까? 하지만 그런 행위의 결과를 강조하는 것은 오히려 원하는 것과는 반대의 결과를 낳았다.

제임스 코미 FBI 국장은 플린에 대한 수사를 종결했다. 그는 다시 수사를 개시한 지 하루 만인 2017년 1월 5일에 오바마 대통령과 조 바이든 부통령, 샐리 예이츠 법무장관 권한대행, 그리고 다른 사람들을 만났다. 다수의 보도에 따르면, 이 스파이게이트 위원회는 FBI와 다른 정보계 기관들에 차기 대통령팀 팀원들이 포섭될 수도 있다는 우려 때문에, 러시아와 관련한 트럼프 인수위원회와의 대화가 제한되어야 한다는 점을 논의했다. 이는 '오바마의 해결사' 장에서 언급된 1월 5일자 회의로, 수전 라이스가 자신에게 보낸 이메일에 그 회의의 내용을 기록한 일이 있었다. 그 이메일에서 그녀는 오바마가 "우리 사법팀은 '규정대로' 평상시처럼 일을 처리해야 한다."라며 기존 생각을 재차 강조했다고 적었다.

라이스의 이메일에서 빠진 것은 만남의 마지막에 일어난 일이다. 샐리 예이츠 법무장관 권한대행과의 인터뷰를 요약한 아래의 FBI 302 메모는 법무부 권한대행이 오바마 대통령으로부터 플린과 키슬랴크 사이의 전화 통화에 대해 처음 들었음을 보여준다.

오바마는 그 모임을 파했지만, 예이츠와 코미에게는 남아있을 것을 요청했다. 오바마는 제재에 관한 플린과 키슬랴크의 대화에 대해 알게 되었다고 말했다. 오바마는 이 문제에 대해 추가 정보는 원하지 않는다고 밝혔지만, 백악관이 플린을 다르게 대해야 하는지에 대한 정보를 구하고 있었다. 예이츠는 대통령이 무슨 말을 하는지 전혀 몰랐지만, 대화를 통해 내용을 알아냈다. 예이츠는 코미 전 국장이 로건법을 언급한 것은 기억했지만, 그가 '수사'가 이뤄지고 있다고 분명히 말했는지는 기억하지 못했다… 예이츠는 대통령이 그 정보를 어디서 처음 받았는지가 분명치 않았다. 예이츠는 플린을 어떻게 대해야 하는지에 대한 대통령의 질문에 코미가 어떻게 대답했는지는 기억하지 못했다. 그녀는 자신이 듣게 된 정보에 너무 놀라서, 대화를 듣는 동시에 내용을 파악하느라 힘든 시간을 보내야 했다.

오바마는 그 전화 통화에 대한 정보를 어디서 얻었을까? 그것은 국무위원들과 정보계의 의견을 종합한 고위급 국가안보 이슈 요약본인 대통령 일간 브리핑에 실렸을 수도 있다. 혹은 존 브레넌이 오바마에게 보낸 또 다른 '비공식' 채널 브리핑 중 하나였을 수도 있다. 예이츠가 이런 가정을 하지 않은 것은 이상한 일이지만, 이 대화에서 흥미로운 점은 오바마가 플린을 겨냥하고, 그의 최고 법률 및 수사 책임자들과 그 사안을 즉시 논의하기를 원했다는 것이다. 플린은 다시 오바마의 레이더에 잡혔고 그는 이제 플린을 예이츠와 코미의 레이더 안으로 밀어 넣고 있었다. '백악관이 플린을 어떻게 대해야 하는가'라는 질문 속에 오바마 자신의 우려를 담았다고 예이츠는 말했지만, 우리가 궁금해 할 일은 따로 있다. 코미 전 국장이 대통령의 플린에 관한 관심에서 어떤 힌트를 얻었는가 하는 문제 말이다. 그는 그것을 일종의 승인으로 받아들이면서 플린을 더 면밀하게 조사해 보라는 말로 해석했을까? 하루 전에 FBI 수뇌부가 플린에 대한 조사가 종결되지 않았음을 확인했기 때문에, 코미 전 국장이 그 당시 플린에게 최대한 집중하고 있었을 가능성은 매우 커 보인다.

FBI의 예이츠 인터뷰는 또한 플린의 인터뷰 기획에 대한 코미 전 국장의 개입을 들여다볼 수 있는 창과도 같다. 코미는 예이츠에게 전화를 걸어 피터 스트르조크와 조 피엔카Joe Pientka라는 두 명의 요원이 플린을 인터뷰하러 오고 있다고 말했다. 그 통화에 대한 예이츠의 설명은 코미가 독단적인 에드거 후버J. Edgar Hoover[18]의 순간을 가진 것으로 읽힌다.

"예이츠는 코미와의 통화에서 매우 좌절한 상태였다. 그녀는 플린의 인터뷰를 진행하기로 한 결정이 법무부와 조율되었어야 했다고 생각했다. FBI와 함께 일하는 재판 변호사들이 국가안전보장국에 있었다. 그것은 그저 단순한 수사가 아니었다. 예이츠의 관점에서 보면, 접근 방식과 인터뷰 질문이 조정되었어야 했다. 그녀는 또한 인터뷰 녹화에 대한 논의가 있었어야 한다고 생각했다. 코미에게 이런

---

18 37년 동안 FBI 국장을 지낸 전설적인 인물로서, 정보계에서는 오히려 대통령보다 더 독보적인 위치를 누린 관료이다. – 역자 주

문제들을 제기하자 그는 "내가 왜 이런 일을 했는지 당신은 이해할 수 있을 겁니다."라고 말했다. 예이츠는 그 말에 "아니오"라고 답했다. 코미 전 국장은 그것이 '정치적인 일로 보이지 않았으면 한다'고 말했다. 예이츠는 그의 말이 의미하는 바에 기분이 상했다."

브레넌에 관한 장에서 내가 말했듯이, 클래퍼, 브레넌, 그리고 로저스로 구성된 정보계 4인조는 두 가지 목적에서 이날 공개된 정보기관 평가서의 결과를 트럼프에게 공식적으로 브리핑했다. 평가서는 러시아의 선거 개입에 초점을 맞췄으며, 상당한 수준의 확신을 바탕으로 '푸틴이 2016년 미국 대선에 영향을 미치기 위한 캠페인을 지시했다는' 의심스러운 결론에 이르렀다. 그들에 따르면 러시아의 캠페인 목표는 선거 과정에 대한 믿음을 훼손하고 힐러리 클린턴이 대통령이 되는 것을 막는 것이었다.

정보기관평가서를 트럼프와 그의 국가안보팀에 보고한 후에는 코미가 트럼프와 사적으로 대화할 수 있도록 클래퍼, 브레넌, 로저스, 그리고 트럼프 팀은 자리를 뜨게 되어 있었다. 그리고 그것이 정확히 일어난 일이다. 뒤이어 코미는 스틸 문건에서 나온 터무니없고 구역질나는, 트럼프와 매춘부들 사이의 음담패설 녹취록과 관련된 의혹을 대통령 당선인에게 알렸다. 상세한 녹취록 내용은 여기에 차마 적지 않겠다. 그러한 혐의들을 토론하면서 코미와 그의 조직은 속임수를 썼다. 스틸 문건이 대통령 당선인과 논의되었다는 말이 새어나갔고, 이는 주류 언론이 스틸의 허접한 문건에 대해 보도할 수 있는 구실과 함께 〈버즈피드〉가 전적으로 의심스러운 문건 전체를 공개할

'명분'을 제공했다.

코미, 클래퍼, 브레넌 3인방(당시 국가안전보장국 국장 로저스는 러시아의 의도에 대한 정보기관평가서의 결론을 분석하면서 좀 더 신중해 했다)에게는 상황이 완벽하게 맞아 돌아갔다. 하지만 우리는 불편하고 중대한 문제가 있었다는 것을 안다. 그것은 방대한 감찰관 보고서 중간쯤에 묻혀있었고, 마이크 플린을 상대로 FBI가 신뢰할 수 없는 정보원을 이용하고 있었음을 암시했다. 핵심 메시지는 다음과 같다.

> 코미 전 국장이 2017년 1월 7일에 FBI 관계자들에게 보낸 이메일에 따르면, 그는 브리핑의 첫 부분에서 러시아가 클린턴과 대통령 당선인에 대한 해로운 정보 파일을 갖고 있다는 스틸의 보고를 언급했다. 이메일에서 코미 전 국장은, 트럼프 국가안보팀 소속 인사가 브리핑이 진행되는 동안 FBI가 상황을 더 잘 파악하기 위해 '하위 출처Sub-sources를 파헤치려는 것 아니냐'는 질문에, 그렇다고 답했다.

'트럼프 국가안보팀 소속 인사'는 누구였을까? 나는 정보를 가진 소식통으로부터 그가 다름 아닌 플린이라고 들었다. 플린은 트럼프의 국가안보보좌관이었기 때문에 당연히 그 자리에 있었던 것이다. 게다가 그는 정보 수집과 FBI의 '하위 출처'라는 용어의 사용에 대해서도 잘 알았다.

하지만 질문을 던짐으로써 플린은 스스로를 이전보다 더 큰 타깃으로 만들었다. 그 대화는 무언의 함축적 표현으로 가득 차 있었다.

플린은 코미가 말한 해로운 정보를 의심했고, 여기에는 철저한 검증이 필요하다는 것을 분명히 알고 있었다. 한편 코미는 곧 트럼프의 오른팔이 될 남자가 FBI의 정치적인 정보 세탁 작전을 눈치 채고 있음을 깨달았다. 플린은 아직 책임자는 아니었지만, 이미 코미에게 그의 요원들을 조사하고 그들이 제공하는 정보를 확인하라는 압력을 가하고 있었다. 플린이 국가안보보좌관이 되어 좀 더 깊이 파고들어 보라고 트럼프를 부추기면 어떤 일이 벌어질까? 그것은 코미에게는 최악의 악몽이었다. 그는 플린이 거짓된 러시아게이트 수사를 끝낼 준비를 하고 있음을 깨달았을 것이다. 말 그대로 플린은 코미의 정교한, 스틸 문건으로 보강된 엄포를 까발리기 직전이었다.

그걸 막으려면 코미는 플린을 먼저 넘어뜨려야 했다. 그것은 FBI 국장에게는 시간과 벌이는 사투를 의미했다.

어떻게 플린은 FBI의 하위 출처가 의심스럽다는 걸 알았을까? 여기에는 그가 영국 정부로부터 제보를 받았다고 믿을 만한 이유가 있다. 플린의 변호인인 시드니 파월Sidney Powell은 "도널드 트럼프 당선 이후 새로 합류하는 국가안보팀과 퇴임하는 수전 라이스 백악관 국가안보보좌관에게 영국 대사관이 서한을 보냈다."고 말했다. FBI에 이 서한을 공개해 달라고 요청했던 파월에 따르면, 그것은 영국의 전 비밀수사국 요원 크리스토퍼 스틸을 부정하고, 그의 신뢰성에 의문을 제기하며, 그를 전혀 신뢰할 수 없다고 평가한다. 이 서한이 정확히 언제 보내졌는지는 분명하지 않지만, 정보평가 회의는 트럼프가 당선된 지 거의 두 달 만에 열렸고, 외교 채널은 점점 더 널리 유포되고 있는 문건에 대해 평가할 수 있는 충분한 시간이 있었다.

우리가 아는 한, 이 편지는 수면 위로 올라오지 않았다. 하지만 파월은 그것에 대해 어떻게 알았을까? 플린이 그 편지를 봤음이 틀림없다. 이는 코미가 스틸의 러시아 공모 판타지의 일부 측면을 언급하자마자 플린이 코미 전 국장을 의심하기 시작했기 때문으로 보인다. 이 편지가 수면 위로 올라오지 않았다는 사실은 놀랍지 않다. 2020년 4월, 마침내 공개된 충격적인 문건이 보여주듯, 법무부 소속 검사이자 전 로버트 뮬러 특검팀 팀원이었던 브랜던 반 그랙Brandon Van Grack은 에밋 설리번Emmet Sullivan 판사의 2018년 2월 16일 법원 명령이 요구하는 것처럼 플린에게 유리한 증거를 계속해서 내놓지 않고 있었다. 그 명령은 "정부는 가지고 있는, 피고에게 유리한 증거를 공개하고… 피고인의 유죄 또는 처벌에 중대한 영향을 미치는 증거를 시기적절하게 제시해야 한다."라고 명시했다. 2020년에는 법무부가 지시한 러시아와 플린 수사의 기원에 대한 조사들 덕분에 무죄임을 보여주는 증거들이 수면 위로 떠올랐다. 불행하게도 반 그랙은, 그 증거의 홍수 속에서 명령을 준수하는 데 어느 정도는 어려움을 겪었다.

1월 24일, 그들이 핵심 계획단계에 착수했을 때, 코미가 인정한 인터뷰 급습에 관해 기억하는가? FBI가 플린에게 기습 공격을 감행하기 위해 전형적인 인터뷰 절차를 무시했다고 그가 인정한 바로 그 인터뷰 말이다. "내 생각엔 충분히 이릅니다. 몇 명만 보내죠"라고 그는 말했다.

사실, 코미의 부하인 부국장 앤드루 맥케이브가 맨 처음 힘든 일을 도맡아 한 것으로 보인다. 12시 반에 그는 플린에게 전화를 걸어 오후 2시 30분 회의를 잡았다. 부국장은 러시아 대표들과의 최근 접촉에 대한 언론 보도와 공개적인 논의에 비추어 보았을 때, FBI가 그와 이야기를 나눠야 한다고 말했다.

파견된 두 사람은 피터 스트르조크와 조 피엔카였다. 조 피엔카는 감찰관의 보고서에서 크로스파이어 허리케인 수사의 특별 요원 1로 밝혀진 인물이다(그는 이 스캔들에 깊숙이 몸을 담근 인물로, FBI가 실패한 크로스파이어 허리케인에 대한 '우즈 파일Woods File'을 보관하는 역할을 맡고 있었다. 이 파일에서 FBI는 스틸 문건에 담긴 혐의를 검증하지 못했다). 스트르조크가 질문했고 피엔카는 메모를 했다. 그런 다음 스트르조크는 인터뷰 내용을 요약하기 위한 FBI의 공식 양식 302에 메모 내용을 취합했다. 302에 따르면 스트르조크는 플린에게 키슬랴크 러시아 대사와의 대화 내용에 대해 몇 가지 질문을 했다. 어느 한 시점에서 플린은 "러시아와의 특별한 친밀감은 없지만, 키슬랴크는 동등한 위치에 있는 상대편이며 외국 정부와 신뢰 관계를 유지하는 것은 중요하다."라고 설명했다.

그 인터뷰에는 러시아와 관련된 몇 가지 다른 문제들과 이스라엘 정착촌에 관한 유엔 결의안과 관련해서 그가 외국 정부들과 했던 일련의 전화들이 언급되었다. 그리고 나서 스트르조크는 본격적인 작업에 착수했다. 그는 플린에게 '선거를 둘러싼 러시아의 해킹에 대응하는 차원에서 러시아 외교관 추방이나 러시아 자산의 봉쇄가 이뤄졌는지에 관해' 키슬랴크와 나눈 대화를 기억하느냐고 물었다. 플린은 그 대화가 다른 문제에 관한 것이었다고 말했고, 정부가 블랙베리나 TV 뉴스에 접근할 수 없는 상태였음을 언급했다. 스트르조크는 이어 플린이 키슬랴크에게 상황을 고조시키거나 '맞불'을 놓는 것을 자제해 달라고 부탁했는지 물었다.

"아니요, 그런 기억은 없어요. 뭘 하지 말라는 내용은 아니었습니다."

키슬랴크 대사와 한 후속 통화(미국 차기 행정부의 요청으로 인해 사안에 대해 온건하게 대응하기로 했다고 러시아 대사가 말한 것으로 알려졌다)에 관해 묻자, 플린은 "그 문제에 대해 키슬랴크 대사와 이야기를 나눴을 가능성이 있지만, 나로서는 그렇게 한 기억이 없습니다."라고 말했다. 플린은 또한 통화 연결 문제로 인해 키슬랴크 대사에게 여러 번 전화한 것으로 기억한다고 말했다.

로버트 뮬러는 이 대화를 법원 문서에 요약하면서 다음과 같이 썼다. "인터뷰 동안, FBI 요원들은 핵심 질문들을 재검토함으로써 피고에게 그의 거짓 진술을 정정할 기회를 여러 번 주었다. 피고가 말했다는 것을 요원들이 알고 있는 상황에서 피고가 기억하지 못한다고 진술하자, 그들은 진실된 답을 유도하기 위해 피고가 사용한 정확한 단어를 사용했다. 하지만 피고는 거짓 진술을 정정하지 않았다."

좋다. 지금쯤이면 독자 여러분들 모두 이해했을 것이다. FBI는 플린이 거짓말을 했다고 주장한다. 하지만 문제는 마이크 플린이 정보 전문가라는 점이다. 그는 키슬랴크의 전화가 감청되고 있다는 것을 알았을 것이다. 또한 그는 통화가 감청되고 있음을 암시하는 〈워싱턴 포스트〉의 기사를 읽었다. 그리고는 숀 스파이서와 마이크 펜스에게 제재에 대한 러시아의 대응에 대해 논의한 적이 없다고 말했다. 그러고 나서 그는 피터 스트르조크에게 기억하지 못한다고 말했다. 장군은 놀라울 정도로 한결같았다.

플린을 만난 지 몇 달 후, 피터 스트르조크는 플린과의 인터뷰에 관한 질문을 받았다. FBI 베테랑의 인터뷰는 302 양식의 형태로 작성되었고, 의심스럽게도 몇 달 뒤인 2017년 8월 22일에야 서류 형태로 보관되었다. 그 문서에는 스트르조크가 다음과 같이 인터뷰했다고 쓰여있었다.

> 플린은 매우 '확실한' 태도를 보였다. 그에게서는 어떠한 기만의 징후도 보이지 않았다. 그는 말을 고르며 분석하듯 말하거나 대답을 망설이지 않았다…… 당시 스트르조크와 피엔카 모두 플린이 거짓말하고 있다고 생각하지 않았다.

정보계 베테랑이 적어도 세 차례에 걸쳐 사람들에게 자신은 특정 대화를 나누지 않았다고 말했다. 혹은 미국 정보원들이 보고한 것과 마찬가지로 세부 사항을 기억하지 못한다고 말했다. 만약 그가 FBI 요원들에게 거짓말하는 것이 범죄라는 것을 알고 있었다면―아마도 그랬을 것으로 추정된다―그리고 FBI가 전화 통화나 다른 증거들을 가지고 있다고 믿었다면, 도대체 왜 전화 통화를 부인하거나 기억을 못한다고 말하겠는가? 앞서 내가 한 질문으로 돌아가자면, 마이클 플린이 무엇 때문에 부통령에게 거짓말을 하겠는가?

플린이 전화 통화를 잊었을 가능성이 있을까? 그 남자는 휴가 중이었다. 전화하고 나서 밖에 나가 아내와 함께 콩가 춤을 추기라도 했던 걸까? 혹은 작고 떠들썩한 파티라도 벌였을까? 나는 모른다. 솔직히 전화 통화 내용을 완전히 잊은 게 아니라면 이런 행동들은 말이 안 된다.

소통의 세부 사항을 기억하려고 노력하는 와중에, 우리는 언제나 그것을 잊어버린다.

플린 수사의 가장 큰 미스터리 중 하나는 플린의 실제 전화 통화 기록과 관련되어 있다. FBI는 그 기록들을 신성한 보물처럼 보호했다. 법무부 검사들은 녹취록을 입수하려는 연방 판사의 시도를 일축했다. 2019년 5월, 플린의 선고를 담당한 에밋 설리번 판사는 뮬러 팀에 플린과 키슬랴크 사이의 통화 녹취록을 제공하라고 명령했다. 그것은 놀라운 조치였다. 이전의 공판들에서 설리번은 FBI의 유출된 증거, 빈정대는 언사, 그리고 정보 조작은 지금껏 충분할 만큼의 피해를 초래했다고 분명히 밝혔다. 판사는 플린의 유죄를 확신했다. 플린이 선고 날짜를 잡는 것을 망설였을 때, 설리번은 달가워하지 않았다. 플린의 불만은 타당한 것이었다. 그는 자신이 정부에 '상당한 지원'을 제공한 것이 관대한 처분을 받을 가치가 있다고 말했던 검찰이 6개월 이하의 징역을 구형하자 화가 났다.

심지어 설리번 판사는 장군을 맹비난했고, 플린의 행동을 반역적이라고까지 했다.

"그것은 매우 심각한 범죄입니다. 정부 고위 관리가 백악관에서

FBI에 허위 진술을 한 것 말입니다."

그러고 나서 그는 언론에 새어 나간 다른 혐의들을 언급했다. 그는 "당신은 미국 대통령의 국가안보보좌관으로 재직하면서 줄곧 외국의 미등록 대리인이었습니다."라고 말했다. "그런 행위는 분명 이곳 국기가 상징하는 모든 것을 무력화시킵니다. 분명 당신은 나라를 팔아먹은 것입니다."라고 말했다. 다음 발언에는 지독한 편견이 함께했다. "나는 그러한 범죄행위에 대한 혐오, 경멸을 숨기지 않겠습니다."

설리번 판사는 자신의 '나라를 팔아먹은'이라는 언급을 철회했지만, 오바마와 마찬가지로 그가 플린을 좋아하지 않는다는 사실만큼은 분명해 보였다. 따라서 FBI가 말하는 내용의 실제 증거인 이 녹취록을 보자는 요청은 다소 놀라운 것이었다.

불행하게도 법복을 입은 뮬러의 뱀의 무리들은 스리슬쩍 녹취록을 제공하지 않았다. 대신 그것이 증거 기록의 일부였던 적은 한 번도 없었다고 주장했다. 형량 조정 전날, 플린은 트럼프의 변호인인 존 다우드John Dowd가 플린의 변호인인 롭 켈너Rob Kelner에게 보낸 음성 메시지 사본을 제공했다. 이 사실을 검사들이 밝힌 이후에 나온 주요 입장은 다음과 같았다.

"정부는 피고인의 유죄를 입증하기 위해, 혹은 형량을 결정하기 위해 다른 녹음물 또는 제3자의 녹음물에 의존하지 않는다. 양형 기록의 일부인 다른 녹음물 역시 존재하지 않는다." 설리번은 나중에 그 녹취록을 제공할 필요가 없다는 것에 동의했다.

거의 4년 동안 플린을 그렇게나 큰 곤경에 빠트렸던 공식 통화 녹취록은 빛을 보지 못하게 된 것이다.

어째서 검사들이 그것을 비밀로 하기 위해 안간힘을 썼는지 궁금하지 않은가?

우리는 곧 그 답을 알게 될 것이다.

슬리퍼 작전의 가동

녹음테이프가 있든 없든, 플린은 스트르조크와의 인터뷰 때문에 파멸했다. 하지만 법무장관 권한대행이자 스파이게이트의 참가자인 샐리 예이츠는 플린을 백악관에서 쫓겨나도록 만들었다. 스트르조크가 플린과 인터뷰한 이틀 뒤인 1월 26일, 그녀는 돈 맥간^{Don McGahn} 백악관 법률 고문과 면담을 했다. 그녀는 플린이 펜스를 잘못된 방향으로 이끌었다고 주장하며 플린의 비행을 자세히 설명했다. 나중에 증언했듯이, 추리 과정에서 그녀는 러시아인들이 '증거를 가지고 있는 경우'를 염려했다. 만약 그것이 사실이라면, 그것은 '국가안보 좌관이 러시아에 의해 협박당할 수 있는, 불리한 상황을 만든 것'이었다.

맥간과의 대화 이후 약 2주 만에 플린과 키슬랴크 사이의 통화 내용이 〈워싱턴 포스트〉로 새어 나갔고, 신문은 2월 9일에 기사를 실었다. 〈뉴욕 타임스〉는 그 전화 통화들이 '명백히 매우 부적절하다'라고 주장하며, 불필요한 우려를 더욱 자아내는 기사를 재빨리 실어 날랐다.

플린이 펜스를 오도했다는 이야기는 급속히 퍼져나갔다.

플린은 이제 백악관에서 파손된 상품이었다. 그는 국가안보보좌관으로 임명된 지 4주도 지나지 않은 2월 13일에 사임했다. 도미니카 공화국에서 실행된 전화 통화 기획은 결국 피해를 초래했고, 훈장을 받은 어느 진정한 미국 영웅을 몰락시켰다.

한편, 피터 스트르조크의 인터뷰는 이미 상처를 입은 플린을 기소에 더욱 취약하게 만들었다. FBI에 따르면 그는 두 명의 FBI 요원에게 거짓말을 함으로써 중범죄를 저질렀다. 변호사들이 동석하지 않은 인터뷰였다는 기획도 통했다. 그는 2017년 12월 1일, 유죄를 인정했다.

플린이 키슬랴크와 전화 통화를 한 일로 사임한 지 6일 만인 2017년 2월 19일, 스테판 할퍼가 공들여 온 케임브리지 대학교에서의 저녁 식사 작전이 가동되었다. 그것은 크리스토퍼 앤드루라는 2014년 저녁 식사에 참석한 손님이 〈선데이 타임스〉에 실은, 고약하고 암시에 가득 찬 기사로 시작되었다. 앤드루는 "플린이 세미나의 재능 있는 대학원생들과 교류하는 것을 분명 즐거워했다."라고 말했다. "스탈린이 보낸 성적인 엽서를 보여준, 영국과 러시아의 이중 국적을 갖고 2개 언어를 할 줄 아는 대학원생 한 명에게 플린은 깊은 인상을 받았다."라고 그는 썼다.

앤드루는 분명 그 대학원생의 이름을 밝히지 않았다. 하지만 그는 그와 함께 일했던 로코바를 넌지시 암시했다.

앤드루에 따르면 플린은 다음번 모스크바 공식 방문 때 이 여성을 통역사로 초빙했다. 그 공식 방문은 취소되었지만, "플린은 러시아 역사를 화젯거리 삼아 기밀이 아닌 이메일을 계속 주고받았고, 종종 서명란에 '장군 미샤^{Misha}'—미샤는 러시아어로 '마이크^{Mike}'라는 뜻이다—라고 적었다."라고 앤드루는 당시 주장했다.

역사상 가장 진실하지 못한 언론인 앤드루는 플린의 독불장군 같은 기질—'즉흥적이며 조급하고 관료적인 성격'과 '새로운 기회를 보았을 때 그것을 쫓는 본능'—을 보여주기 위해 이 일화를 공유했다고 주장했다. 그러나 행간을 읽을 수 있는 사람이라면, 그가 바로 플린이 미인계 함정에 빠졌다는, 전혀 다른 이야기를 띄우고 있었음을 알 수 있다.

그는 어째서 2014년도 이야기를 플린이 트럼프에 의해 해고된 이후인 2017년에 띄운 것일까?

그 질문에 대한 답은 명확하다. FBI는 '기소'라는 성을 서서히 쌓아 올리는 중이었다. 그것은 플린의 명성을 망쳤고 러시아와의 공동작업이라는 망령으로 트럼프 정부를 더럽히려는 또 다른 시도였다. 그리고 플린에게는 검찰과 거래해야 한다는 압박을 가했다. 특검이 아직 임명되지는 않았지만, 일단 FBI가 플린을 기소할 수 있다면—그것이 절박해 보이는 연방 요원에게 거짓말을 한 혐의에 따른 '1001 기소'라고 할지라도—그들은 그것을 사용할 것임이 분명해 보였다.

할퍼가 주류 언론과 협력한 상세 내용은 모두 뉴스 업계에 몸을 담고 있는—로코바의 소송에서 언급된—할퍼의 공동 피고인 4명의 저작물에서 확인할 수 있다(다우 존스사가 〈월 스트리트 저널〉지의 발행인이다). 할퍼는 플린과 로코바 사이에 있었던 단 한 번의 짧은 만남을 계기로 로코바의 소송 기록과 공개된 내용에 따라 정교한 작업을 진행할 수 있었다. 로코바의 말은 이렇다. "할퍼는 케임브리지 대학의 요원들과 공모했다. 〈다우 존스〉, 〈가디언〉, 〈타임〉, 〈포스트〉가 고용한 요원들이 플린 장군을 비방하고, 트럼프 선거 캠페인 측이 러시아와 공모했다는, 사실이 아닌 거짓 내러티브를 퍼트리기 위한 악의적인 노력의 일환으로 나에 대한 거짓 진술을 누설했다."

로코바의 소송은 또한 앤드루의 거의 모든 기사를 반박했다. 그녀는 앤드루가 자신과 플린의 만남을 부추겼으며, 플린 장군이 연구원과 일할 수 있기를 희망했기 때문에 플린과 계속 연락하라고 요청했다고 주장했다. 그녀가 제출한 서류에 따르면, 그녀는 가끔 플린에게 이메일을 보냈는데, "앤드루가 모든 주고받은 이메일을 보았으며, 그것들은 대체로 일반적인 내용이었다."라고 진술했다. 플린 장군은 어떤 이메일에도 '장군 미샤'라고 서명하지 않았다. 플린 장군은 공식 방문이나 여타 기회에도 로코바를 모스크바로 가자고 초청한 적이 없었다.

암시로 가득 찬 기사는 언론 매체가 만들어내고 띄운 히트작에 불과했다. 로코바 소송과 관련한 다른 혐의들도 있다. 할퍼는 〈월 스트리트 저널〉 기자에게 그녀와 플린이 바람을 피웠다고 말했고, 〈데일리 메일〉과 〈텔레그래프〉에도 비슷한 내용의 전화를 걸어 그녀와 플린을 비하했다.

그러나 이 전체 소송에서 가장 충격적인 일은 아마도 우리 모두가 FBI 정보원이자 국방부 계약업자로 알고 있는 할퍼가 〈BBC 라디오〉와 인터뷰를 했다는 것이다. 그는 이 인터뷰에서 무엇보다도 그를 매우 바쁘게 만든 '딥스테이트'에 대해 언급했다.

할퍼는 이날 방송에서 트럼프를 겨냥해 "사람들은 백악관의 변덕스러운 입장을 두고 깊이 우려하고 있다."라고 말했다. 그는 "미국에는 일관성과 집중력을 갖춘 리더십이 부족하다는 좌절감과 대통령이 직무에 필요한 능력을 갖추고 있지 않을 수도 있다는 광범위한 생각이 존재한다."고 덧붙였다.

그가 말하는 '사람들'은 누구인가? 할퍼의 상사들인가? 코미, 맥케이브, 스트르조크, 그리고 소마였나? 클래퍼, 브레넌, 그리고 예이츠였나? 그들은 트럼프 행정부 인사들을 대상으로 함정 수사를 지시하고 부추김으로써 '일관성과 집중력을 갖춘 리더십'을 보여주었던가? 할퍼는 대통령을 퇴진시키려 했던 기관에 소속되어, 정신없이 날뛰는 정보원의 본보기를 보여주었던 것으로 보인다. 대통령이 직무에 필요한 능력이 없다고 주장했을 때, 그가 말하려던 것은 무엇이었을까?

궁극적인 증거는 스테판 할퍼가 단지 마이크 플린을 무너뜨리려고 했던 것이 아니라—그는 나름대로 최선을 다한 것으로 보인다—트럼프를 무너뜨리려고 했다는 것이었다.

30년 동안 근무한 자랑스러운 육군 소속 베테랑 군인인 마이클 플린 중장은 미국 정보기관의 작전을 탈정치화하고 반미주의자들을 영원히 소탕하는 데 집중한 애국자가 아니라, FBI에 의해 반역적 스파이로 묘사되었다.

그는 통제 불능 상태로 빠져든 크로스파이어 허리케인 작전에서 생겨난 잔해일 뿐이었다.

그렇다, 그는 타깃이었다. 그러나 트럼프를 불안정하게 만들고 제거하려는 FBI와 뮬러 팀의 필사적인 싸움에 휘말린 다른 많은 사람과 마찬가지로, 그는—그들의 눈에는—부수적인 피해자에 지나지 않았다.

정의의 저울이 바뀐다

내가 이 장을 쓰기 시작했을 때, 마이클 플린의 이야기가 해피엔딩을 맞이할 수도 있다는 생각은 도무지 머릿속에 떠오르지 않았다. 미국에서 가장 강력한 사법기관이 우리를 상대로 소송을 조작하는 데 자원을 쏟아 붓는 상황에서, 우리에게 어떤 희망이 있겠는가?

하지만 놀랍게도 마이크 플린과 그의 끈질긴 변호사 시드니 파월은 기회를 잡았다.

2020년 초 윌리엄 바 법무장관은 세인트루이스에 있는 연방 검찰청 사무실에서 제프 젠슨^{Jeff Jensen} 검사를 임명해 플린 사건의 처리 상황을 재검토하도록 했다. 그와 다른 변호사들은 이 사건에 연루된 법무부 검사들을 인터뷰하고, 문서를 다시 검토하면서 이전에 발견하지 못했던 문서들을 찾아냈다. 수면 위로 올라온 플린 변호팀과 공유된 문건 중에는 내가 앞서 인용한 문건이 많았다. 그리고 사건의 목표와 씨름하는 동안 빌 프리스텝이 작성한 메모들—역설적이지만 피터 스트르조크와 동행했던 조 피엔카 요원이 승인한—이자 플린 조사를 종결하는 FBI 302 문서의 초안도 포함되어 있었다. 그 문건들은 플린 사건의 허술함을 드러내 주었고, FBI 수사 일정과 요원들이 언제, 무슨 결정을 어떤 근거에 기반해서 내렸는지를 확정하는 데 도움을 주었다. 플린이 FBI 요원들에게 거짓말을 하도록 유도함으로써 플린을 몰락시키려 했던, 백악관에서의 인터뷰라는 기획의 실체를 확립하는 데도 도움이 됐다.

이 문건들과 플린에 대한 FBI의 지나친 관심이 제공하는 정보에 따라 젠슨은 기소의 용어와 의도를 다시 살펴보았다. 젠슨의 추론을 다음과 같이 요약할 수 있을 것이다.

- FBI가 플린을 주목하게 된 계기였던 크로스파이어 허리케인 수사는 특히 2016년 대선 개입을 위한 러시아와의 공조를 염두에 둔 것이었다.
- FBI는 러시아와의 협력이나 선거 개입과 관련해 플린에 의해 행해진 어떤 위법 행위나 '해로운' 정보도 발견하지 못했다.
- 스트르조크와 피엔카가 한 인터뷰는—여기서 플린이 거짓말을 한 것으로 알려졌고, 이후 기소로 이어졌다—선거와는 아무런 관련이 없었다.
- 플린에게는 인터뷰 전에 그의 무죄를 입증하는 문건에 대한 접근이 거부

되었다.

이 모든 사항을 검토한 젠슨과 법무부의 다른 사람들은, 정부가 결국 기각 신청에서 진술한 것처럼 플린을 상대로 한 소송의 초점이 진짜 수사단계에서는 중요하지 않은 허위 진술을 지속적으로 기소하는 데 있었음을 깨달았다.

다시 말해, 플린이 거짓말을 했거나 순수하게 잘못 기억했더라도 그것은 문제가 되지 않았다. 그 인터뷰는 그 어떤 신뢰할만한 조사와는 아무런 관련이 없었던 것이다.

젠슨은 성명에서 "플린 장군의 사건을 검토하는 과정에서 적절하고 정당한 절차는 사건을 기각하는 것이라고 결론 내렸습니다. 나는 바 법무장관에게 조사 내용과 결론을 보고했고, 그는 동의했습니다."라고 말했다.

2020년 5월 7일, 법무부는 에밋 설리번 판사에게 재소 불가능한 각하라는 판결을 내릴 것을 요청하는 제안서를 제출했다. 설리번이 검찰의 권고를 수용할지는 불확실했다. 실은 그가 최종 판결 전에 더 많은 심리를 명령할 가능성이 커 보였다. 그리고 나서, 2020년 6월 24일, 워싱턴 D.C. 순회 항소법원은 설리번에게 플린에 대한 소송을 기각하라는 법무부의 제안을 받아들이라고 명령했다. 시기적으로 이 책이 인쇄될 즈음이었기에, 설리번이 항소심 전원합의체에 전원재판부 재심리를 요청하는 방식으로 명령에 이의를 제기할지, 아니면 대법원에 사건 심리를 요청할지는 분명치 않았다.

설리번 판사가 재판을 연다면, 그는 고려해야 할 증거를 하나 더 갖게 될 것이다. 플린이 거짓말했다고 추정되는 실제 통화 녹취록이 바로 그것이다. 사건에 중요하지 않다며 검찰이 내놓기를 거부한 그 녹취록 말이다. 그것은 충격적일 정도로 진실하지 못한 주장이었다. 통화가 전혀 중요하지 않다면, 전화 통화에 대해 거짓말을 한 것이 왜 중요한 것일까? 놀랍게도, 설리번은 검사 측의 변론을 믿는 것 같았다. 그러나 이 녹취록은 존 래트클리프John Ratcliffe 국가정보국 국장에 의해 2020년 5월 말 공개되었다. 설리번 판사는 로버트 뮬러 검찰팀이 플린을 기소한 내용과 그가 피터 스트르조크와 나눈 대화 사이의 확연한 차이를 어떻게 받아들일지 정해야 할 것이다. 녹취록과 기소 관련 문건을 보면 이것이 마치 마이크 플린에 대한 네 번째 기획인 것 같다.

녹취록 해독하기

마이크 플린이 유죄를 인정한 기소 문건을 보자.

"2017년 1월 24일에 있었던 FBI 요원들과의 인터뷰에서 플린은 미국이 러시아에 가한 제재에 대응해 상황을 고조시키는 것을 자제해 달라고 주미 러시아 대사에게 요청한 일이 없다며 허위로 진술했다. 그리고 플린의 요청에 따라 러시아가 제재에 대한 대응을 완화하기로 했다며 주미 러시아 대사가 언급한 후속 대화를 플린은 기억하지 못한다고 한 번 더 거짓 진술했다."

그러고 나서 이 문건은 일어난 일들을 다음과 같이 순차적으로 설명한다. 오바마 대통령은 2016년 대선을 방해하려는 러시아 정부의 조치에 대한 제재('미국의 제재')를 발표했다. 플린은 키슬랴크 주미 러시아 대사에게 전화를 걸어 '러시아가 상황을 악화시키지 말고 상호적인 방식으로만 미국의 제재에 대응할 것'을 요청했다. 푸틴 대통령은 2016년 12월 30일, '미국의 제재에 대한 보복 조치를 취하지 않을 것임을 시사하는 성명'을 발표했다. 키슬랴크는 12월 31일에 플린에게 전화를 걸어 러시아가 플린의 요청에 따라 보복하지 않기로 했음을 확인해주었다.

문서에 나오는 말의 상당한 부분은 '미국의 제재'와 관련이 있다. 그러나 오바마는 12월 29일 러시아에 대한 '다수의 조치'를 발표했다. 행정명령 13757에 대한 설명은 다음과 같다.

"나는 9개의 단체와 개인들을 제재한다. 그것은 러시아 정보기관인 GRU와 FSB, GRU 소속 관료 4명, 그리고 GRU의 사이버 운영에 실질적인 지원을 제공한 회사 세 군데이다."

기소 문건에 따르면, '미국의 제재'와는 별개로 러시아 관료들의 추방과 정보 수집에 사용된 것으로 알려진 러시아 부동산 두 곳의 폐쇄가 이뤄졌다. 오바마는 "미국 국무부는 또한 러시아 인력에 의해 정보 관련 목적으로 사용된 메릴랜드와 뉴욕의 러시아 시설물 두 곳을 폐쇄하고 35명의 러시아 정보요원에 대해 출국을 요청한다."고 발표했다.

제재는 추방과는 분명히 달랐다. 하지만 플린은 키슬랴크와의 전화 통화에서 추방만을 콕 집어서 언급했다.

그들이 이 사이버 문제와 관련해서 취하는 조치에 따라 아시다시피, 러시아인들을 미국 밖으로 내보낼 것으로 보이는데…… 내가 러시아에 요청하고 싶은 것은, 그렇게 하지 말라는 것입니다—왜냐하면 나는 러시아 측도 뭔가 조치를 취해야 한다는 것을 알고 있기 때문입니다—그저 상호적인 수준에서만 조치를 취해주길 바랍니다. 필요 이상으로 행동을 취하지 마시길 바랍니다. 우리 모두 보복전을 벌이듯 상황을 고조시키면 안 되니까요. 아시겠습니까, 대사님?

대화의 뒷부분에서 그는 추방 문제로 돌아갔다. 그의 관심은 일련의 추가적 조치들에 착수하지 않는 것에 있었다. "당신들이 무언가를 해야 한다면 상호적 기반 위에서 무언가를 하십시오. 그렇게 한다면 그건 좋은 메시지가 될 것이고, 우리는 그 메시지를 이해할 것입니다."라고 그는 말했다. 미국이 '30명을 내보내고, 그 다음 60명을 내보내거나, 혹은 모든 공관을 폐쇄하는' 등의 최악의 시나리오를 묘사하기 전에 그는 그렇게 말했다.

대화의 그 어떤 부분에서도 그는 제재에 대한 논의를 시작하지 않았다.

다시 말해, 마이크 플린은 FBI에 거짓말을 한 것으로 지목된 구체적인 내용, 즉 제재에 대해서는 전혀 언급하지 않았다.

키슬랴크 대사만이 '제재'라는 말을 입 밖으로 꺼냈다. 그는 러시아가 어떻게 반응할지를 두고 이야기한 것이 아니었다. 그는 테러리즘과 싸우는 것의 의미에 관해 이야기했다. "오늘 발표된 조치들 가운데 문제점이라고 할 만한 것은, 현재 FSB와 GRU가 제재 대상이 되었다는 것입니다. 이것이 미국이 테러 위협에 대해 조치를 취하려 하지 않는다는 것을 의미하는 것입니까?"

플린은 "네."라고 대답했다.

그리고 그것이 '제재'에 관한 대화의 전부였다.

이게 왜 그렇게 중요할까? 왜냐하면 제재에 대한 논의와 관련해서 플린이 FBI에 거짓말을 했다고 기소 문건은 말하지만, 피터 스트르조크가 작성한 FBI 302는 플린에게 제재에 관해 묻지도 않았기 때문이다.

인터뷰한 요원들은 제재가 논의된 바 있는 키슬랴크와의 대화를 기억하는지 플린에게 물었다. 러시아의 대응을 상호적 수준으로 유지하거나 '보복전'에 나서지 말 것을 촉구하며 키슬랴크에게 상황을 확대시키지 않도록 하는 대화를 기억하는지에 대해 플린은 답했다. "아니요. 기억이 안 납니다. 그것은 분명 뭔가를 하지 말라는 류의 대화는 아니었습니다."

굳이 말하자면 플린이 아주 큰 거짓말을 한 것이다. 기억나지 않는다고 말한 것 말이다.

독자 여러분은 마녀사냥을 떠올릴지도 모르겠다.

하지만 옆길로 새지 말자. 플린은 제재에 대해 거짓말을 한 혐의로 기소되었다. 그러나 스트르조크는 그에게 제재에 관해 질문하지 않았다. 다시 말해, 이 익살극을 이끌었던 검사 브랜던 반 그랙이 기소 문서를 작성하면서 큰 실수를 저질렀다는 것이다. 분명히, 그는 추방이 제재의 일부로 묶일 수 있다고 생각했다. 하지만 오바마가 '러시아의 악의적인 사이버 활동과 괴롭힘에 대한 대응'을 발표한 성명에서 분명히 한 것처럼, 그 두 가지는 서로 다르다.

2018년 12월 4일쯤 반 그랙은 기소 문건에 담긴 미국의 제재에 대한 정의가 스트르조크가 작성한 302 문서의 질문과 답을 담아내지 못했음을 지적한다. 반 그랙은 2018년 12월 18일 작성한 선고 안에서 제재의 정의에 '다른 반러시아 조치'를 추가하면서 기소를 둘러싼 언어의 해석을 확대했다. 그의 재빠른 손놀림은 다음에서도 확인할 수 있다.

〈워싱턴 포스트〉는 피고인에 대한 FBI의 인터뷰가 있기 며칠 전인 2016년 12월 29일, 그가 미국 주재 러시아 대사와 통화했다는 주장이 담긴 기사를 실었다. 이날은 미국이 2016년 대선을 방해하려는 러시아 정부의 조치에 대응하기 위해 러시아에 대한 제재 및 기타 조치를 발표한 날이다.

이것이 바로 반 그랙과 다른 사람들이 플린과 키슬랴크 사이의 전화 통화 녹취록이 증거로 제출되는 것을 막기 위해 그렇게 열심히 노력한 이유다. 그 문서는 플린이 제재에 대해 언급한 적이 없다는 것을 증명할 것이기 때문이다.

그리고 만약 그가 그것들을 전혀 언급하지 않았다면, 그는 그에 대해 논의하지 않았다는 거짓말을 FBI에 하지 않은 셈이 되기 때문이다.

과연 설리번 판사는 검사 측의 잘못된 언어와 반 그랙의 엉터리 기소문을 둘러싼 미묘한 문제를 인정할 것인가? 진심으로 그러길 바란다. 전체 녹취록은 플린의 잘못이 없다는 것을 보여주기 때문이다.

그게 아니라면 판사는 키슬랴크가 '제재'를 언급했다는 이유로 플린이 오바마의 제재에 실제로 참여했다는 주장을 받아들일 것인가?

내가 제시한 모든 증거를 종합해 보면, FBI와 뮬러 팀은 마이크 플린을 잡는 데 집착하고 있었음이 분명해 보인다. 설리번은 옳고 정당한 일을 해야 한다. 만약 그렇게 한다면, 마이클 플린 중장의 악몽도 마침내 끝날 수 있을 것이다.

그를 상대로 법적 공격을 감행한 FBI 요원, 지도자들, 그리고 비밀 인적 정보원들에게 어떤 미래가 펼쳐질지는 확실치 않다.

8장

어둠 속의
공익제보자

나는 2019년 7월 25일에 트럼프 대통령과 젤렌스키 우크라이나 대통령 사이의 평범한 전화 통화에서 시작된 탄핵 소추 대실패를 짚으며 이 책을 시작했다. 이 전화 통화로 촉발된 촌극을 되짚어 보는 것은 미국의 품위와 법치주의를 생각하는 모든 사람에게 분명 고통스러운 일일 것이다. 트럼프 대통령이 통화를 통해―잘못을 폭로하기보다는―잘못에 관여했다는 주장을 받아들이는 이들은 환상의 나라에 살고 있다.

'외교'는 대부분의 이들에게 능숙하고 정중한 협상을 암시한다. 하지만 정치인과 외교관은 모두 영향력을 행사하려고 하고, 목표를 달성하기 위해 다양한 수단을 쓴다. 이상하게 들리겠지만, 외교가 항상 '외교적'인 것은 아니다. 내가 읽은 외교에 관한 최고의 글 가운데 하나는 17세기 베네치아 주재 영국대사 헨리 워튼Henry Wotton의 말이었다. 그는 "대사라는 사람은 자신의 나라를 위해 거짓말을 하라고 해외로 보내진 정직한 사람이다."라고 말했다.

재밌는 말이다. 그리고 냉소적인 말이기도 하다. 하지만 크게 보면 사실이다.

우크라이나 대통령과의 전화 통화와 관련된 한, 그것은 아마도 너무 냉소적인 말일 것이다. 통화 중에는 거짓말이 없었다. 트럼프와 젤렌스키 사이의 대화는 미국의 원조에 관한 것이었다. 그것은 또한 두 지도자가 미래를 위해 동맹을 맺는 것에 관한 문제이기도 했다. 트럼프 대통령이 '바이든의 아들'을 언급했는가? 그랬다. 그는 우크라이나가 미국 의회로부터 3억9천1백만 달러 지원을 받는 것을 막았는가? 아니, 그러지 않았다. 우크라이나는 문제의 원조를 받았다. 그럼 끝난 이야기이다, 그렇지 않은가? 틀렸다. 왜냐하면 민주당은 트럼프에 관한 한 관대하지 않기 때문이다. 논란의 증거가 없다면, 그들은 반드시 그것을 조작할 것이다.

냉소는 그 이후에 쏟아졌다. 트럼프 대통령이 논란이 있는 또 다른 외국 지도자에게 정치적으로 골치 아픈 문제를 조사하라고 요청했을 때, 민주당은 하늘이 무너지고 있다며 울부짖었다. 그 문제는 자신의 이득을 위해 부통령 아들이 영향력을 팔고 다니는 낌새가 있고, 부통령 자신은 외국의 사법 활동에 개입했다고 공개적으로 떠벌리는 상황과 관련이 있었다.

행정부를 비판하는 사람들은 전화 통화 중 드러난 트럼프의 '의도'에 대해 문제삼겠지만, 이는 사실 규명이 가려진 추측에 불과하다. 냉소적인 사람들은 전화 통화만을 놓고 할 수 있는 추론을 거들먹거리며 말할 것이다. 다시 말하지만, 그것은 해석에 지나지 않는다. 그들은 트럼프의 요청이 암시하는 바를 두고 불평할 것이다. 하지만 그들이 조 바이든이 10억 달러의 차관 지원을 받으려면 우크라이나 검사를—조 바이든의 아들을 이사회에 자리에 앉힌 우크라이나 회사 부리스마를 조사하려고 했던 검사를—해임하라고 말했던 비디오 녹화 속 진술에 대해서는 해석할 필요가 없다는 듯 행동한다는 점을 고려하면 이상하다.

결국 트럼프와 젤렌스키 사이의 전화 통화에서는 별다른 일이 일어나지 않았다.

추정상 '요구'가 이행되지 않았는데 어떻게 주고받기가 있을 수 있겠는가? 오히려 주기만 하고 받지는 못하는 일이 벌어졌다. 우크라이나는 필요한 군사적 원조를 받았지만, 꼭 필요했던 부리스마와 바이든 가족에 대한 조사를 시작하지 않았다.

그리고 온 나라가 목격한 것은 진보 성향의 편향된 언론 매체들이 만들어낸 동화 형태의 선택적 스토리텔링이었다. 하원 정보위원장으로 트럼프-우크라이나 탄핵 조사를 주도하고 이후 상원 청문회에서 탄핵 주 책임자로 임명된 애덤 시프는 거대한 음모와 은폐의 이야기를 주도했다. 그러나 대통령은 전화 통화에서 자신이 했던 말과 의도를 확신했기 때문에 통화 내용을 공개했다. 통화내용 어디에 은폐가 있었나? 만약 있었다면, 그것은 분명 미국 역사상 최악의 '은폐'였다.

아이러니하게도, 시프와 정부 곳곳에 퍼져 있는 그의 반트럼프 동맹은 자신들의 비밀을 국민들로부터 몰래 숨기고 있었다. 한 CIA 직원은 모든 스캔들을 촉발한 (한때는 익명이었던) 공익신고자로 공개적인 자리에서 반복적으로 확인되었다. 그의 신원이 제대로 밝혀졌다면, 그를 시프나 다른 사람들과 이어주는 충격적인 연결고리 또한 발견되었을 것이다. 그런 연결고리들은 민주당이 트럼프를 제거할 마지막 기회를 얻기 위해 기이한 법적 논쟁들로 무장하면서 더욱 힘을 얻었다.

두더지

처음에 이 익명의 내부고발자에 대해 드러난 유일한 정보는 그가 백악관에 파견된 CIA 분석가였고 그 후 랭글리에 있는 CIA 본부로 재배치되었다는 것이었다. 2019년 10월 30일, 〈리얼 클리어 인베스티게이션스〉는 이 같은 내용이 에릭 시아라멜라 Eric Ciaramella라는 이름의 관료와 일치하며, 탄핵 진술서에서도 그의 이름이 오르내렸다고 보도했다. 그 기사는 2019년 8월 12일에 마이클 앳킨슨 Michael Atkinson 정보기관 감찰관에게 고발장을 제출함으로써 천천히 진행되는 불기둥을 터트린 내부고발자의 정체를 밝혀야 한다며 설득력 있는 주장을 펼쳤다. 같은 날 내부고발자로 알려진 인물은 그의 고발 내용을 요약한 서한을 미국 의회 상·하원 정보위 위원장인 리처드 버 Richard Burr와 아담 시프에게 보냈다. 저자는 그 편지에서 "미국 대통령이 자신의 직권을 이용하여 2020년 미국 대선에 대한 외국의 간섭을 요청하고 있다는 정보를 복수의 정부 관계자들로부터 받았다." 라고 주장했다.

〈리얼 클리어 인베스티게이션스〉는 앳킨슨 감찰관이 제기한 우려를 인용함으로써 시아라멜라를 내부고발자라고 밝힌 것이 정당하다고 주장했다. 앳킨슨 감찰관은 "라이벌 관계에 있는 후보에 유리하다고 할 수 있는 정치적 편향성을 가진 몇몇 징후들을 고발장을 제출한 사람에게서 확인했다."고 밝혔다. 내부고발자가 정치적 편향성 때문에 실제로 듣지 않은 전화 통화에 대해 고발장을 작성했다면, 그 혹은 그녀의 정체는 이야기를 완성하는데 있어 전적으로 필요한 부분이었다.

이 기사가 나온 이후, 다른 언론 매체들도 선례를 따르며 에릭 시아라멜라가 '내부고발자'라고 주장했다. 마이클 플린 장군을 타깃으로 삼은 일, 트럼프 타워에서의 만남에 대한 보도, 그리고 다른 많은 러시아게이트 관련 다양한 추측들에서 우리가 보았듯이, 언론은 실수하지 않는 완벽한 존재가 아니며, 많은 경우 허위 정보의 일부였다. 그러나 이 경우에는, 내부고발자가 편파적이라는 우려가 당연한 것이었다.

내부고발자로 지목되었을 당시 33살이었던 시아라멜라는 등록된 민주당원이었다. 그는 오바마 행정부 때 처음 백악관에서 일하기 시작했고, 국가안보보장회의 내의 우크라이나 국장으로 근무했는데, 그 후임으로는 알렉산더 빈드만 중령이 부임했다. 트럼프 행정부 초기 시아라멜라는 피오나 힐로 교체되기 전까지 유럽·러시아국 선임 국장 대행을 지냈다. 백악관 내 FBI 사이버 보안 담당자인 앤터니 페란테처럼, 시아라멜라는 이전 정권에서 일하다 유입된 인물이었다.

〈리얼 클리어인 베스티게이션스〉의 폴 스페리Paul Sperry에 따르면,

여러 언어를 구사하는 아이비리그 졸업생인 시아라멜라는 조 바이든 전 부통령과 존 브레넌 전 CIA 국장과도 함께 일했다. 전직 CIA 직원이었던 시아라멜라가 그 기관의 책임자와 연결되어 있다는 것이 놀라운 일은 아니다. 하지만 브레넌이 트위터에 쏟아낸 근거 없는 비난과 트럼프와 러시아 간 공모 판타지를 조장하는 그의 역할을 감안할 때, 그것은 좋지 않은 신호다.

내부고발자의 이름 자체는 폭탄이었지만, 스페리의 최초 보고서에는 또 다른 폭발성을 갖는 폭로가 포함되어 있었다. 그것은 국가안보보장회의의 소식통을 인용해서 왜 시아라멜라가 백악관 업무에서 제외되었는지를 설명한 내용이었다. "그는 트럼프에 반대하고, 트럼프에 좋지 않은 이야기를 누설한 혐의를 받고 있다." 보고서는 또 시아라멜라가 러시아게이트 스캔들과 근거 없는 루머를 기획한 대표적 중상모략자였던 알렉산드라 찰루파(우크라이나계 미국인으로서 민주당 전국위원회의 고문)와 함께 일했다고 지적했다. 매너포트에 집착하는 찰루파는 2015년부터 백악관에서 시아라멜라를 만났다.

이러한 연결고리들과 소문들은 분명히 폭로할 가치가 있었고, 내부고발자의 고발에 그림자를 드리웠다. 머지않아 다른 기묘하고도 불명예스러운 연결고리들이 드러났다. 그들 대부분은 트럼프를 비방하는 사람의 신원을 알지 않고서는 성립될 수 없었다.

더 많은 연결고리들

◇◇◇◇◇◇◇◇◇◇◇◇◇◇◇◇◇◇◇◇◇◇◇◇◇◇◇◇◇

알렉산드라 찰루파는 에릭 시아라멜라의 연락처 목록에 있는 유일한 민주당 요원은 아니었다. 트럼프가 공화당 대선후보로 확정될 즈음인 2016년 4월, 오랫동안 빌 클린턴 측 여론조사위원을 지낸 더그 소엔Doug Schoen은 시아라멜라와 올가 비엘코바Olga Bielkova 우크라이나 하원의원 사이의 만남을 주선했다. 그 당시 소엔은 우크라이나 억만장자 빅터 핀추크Victor Pinchuk의 로비스트로 일하고 있었다. 빅터 핀추크는 클린턴 재단에 1천만 달러 내지는 2천5백만 달러의 기부금을 낸 것으로 추산되었는데, 그 결과 클린턴 부부의 자선 단체에 기부한 외국인들 가운데 가장 많은 기부를 한 사람이라는 불명예가 뒤따랐다.

소엔의 외국 대리인 등록 서류에 따르면 그는 시아라멜라와 리즈 젠토스Liz Zentos(당시 국가안전보장회의 동유럽 담당 국장)가 비엘코바를 만날 수 있게 주선했다. 만남의 목적은 '지난 1년 동안 진행된 우크라이나의 에너지 개혁 상황과 에너지 자립성을 높이고 안보를 보장하기 위해 향후 어떤 조치가 필요한가를 논의하기 위한' 것이었다고 한다.

그날 오후 늦게, 비엘코바는 매케인 연구소McCain Institute의 데이비드 크레이머David Kramer를 만났다. 크레이머라는 이름이 어렴풋이 친숙하게 들린다면, 그건 당연하다. 그는 크리스토퍼 스틸의 거짓말로 가득한 문건의 조니 애플시드Johnny Appleseed[19]와 다름없었다. 크레이머는 존 매케인John McCain의 믿을만한 동료였다. 2016년 대선이 끝난 지 며칠 지나지 않아 스틸의 일에 대해 알았던 앤드루 우드 경Sir Andrew Wood(전 모스크바 주재 영국대사)이 그에게 접근했다. 크레이머는 우드와 매케인 사이의 만남을 주선했다. 스틸이 작성한 공모와 소름 끼치는 루머들의 모음집에 대해 알게 된 맥케인은 크레이머를 영국으로 급히 보내서 스틸을 만나 그 문건을 읽어보게 했다. 워싱턴 D.C.로 돌아온 크레이머는 글렌 심슨으로부터 문건 사본을 받아 매케인에게 보여주었고, 다른 정부 관계자들과 문서를 공유하기 시작했다. 그는 결국 몇몇 기자들과도 문건을 공유하기 시작했는데, 전 세계가 읽어 볼 수 있도록 근거 없는 추잡한 문서를 전체 공개한 뉴스 사이트 〈버즈피드〉의 켄 벤싱어Ken Bensinger라는 자도 그중 포함되어 있었다.

비엘코바는 크레이머와 만나 우크라이나의 에너지 개혁을 논의한 것으로 알려졌다. 하지만 이 우크라이나 정치인이 같은 날 시아라멜라와 크레이머를 모두 만난 것은 주목할 만하다. 만약 시아라멜라가 실제로 내부고발자라면, 비엘코바는 글렌 심슨 쪽의 그 누구보다도 반트럼프 선전을 전파하기 위해 많은 일을 한 두 사람을 만났을 것이다. 이 만남들을 주선한 사람은 소엔인데, 그는 클린턴의 친구로 비

---

19   조니 애플시드는 전국 각지에 사과씨를 뿌리고 다녔다는 미국 개척 시대의 전설적 인물이다. – 역자 주

엘코바와의 만남을 주선해달라며 빅터 핀추크로부터 4만 달러를 받았다(외국대리인등록법FARA 서류를 보면 사실 시엔은 수년간 매달 그 돈을 지불받아 왔다). 잠깐, 일이 뭔가 이상해진다. 핀추크는 미콜라 즐로셰프스키Mykola Zlochevsky를 환경부 장관에 임명한 빅토르 야누코비치Viktor Yanukovych 전 우크라이나 대통령의 열렬한 지지자였다. 즐로셰프스키에겐 다른 직업도 있었다. 그는 부리스마 홀딩스의 사장이었는데, 이 회사는 조 바이든의 아들 헌터에게 컨설팅과 이사회 일원으로 일한 대가로 매달 83,333달러를 지급한 것으로 알려졌다.

내가 첫 장에서 논의했던 우크라이나의 늪의 돈에 휩쓸린 로비스트들 가운데 한 명인 오바마의 변호사 그레그 크레이그를 기억하는가? 그는 더그 소엔이 중간 다리 역할을 하는 가운데 빅터 핀추크로부터 돈을 받은 일로 조사를 받은 인물이다. 이 일에 대한 모든 내용은 '스캐든 압스 슬레이트 미거 앤 플롬Skadden, Arps, Slate, Meager & Flom'이라는 대형 법률 회사가 2019년 1월 19일 제출한 등록서에서 확인할 수 있다. 등록서는 심지어 '회사는 일과 관련해서 빅터 핀추크가 주로 자금을 지원한다는 것을 알고 있다'라고 언급하고 있으며, 소엔과 폴 매너포트가 관리하는 회사인 유한회사 '블랙 씨 뷰Black Sea View'를 우크라이나 법무부로부터 자금을 받아 공급하는 지불자로 명시하고 있다.

벌써 어지럽다는 것을 안다.

독자 여러분의 마음을 혼란케 할 연결고리가 한 가지 더 있다.

하원 탄핵 심판 청문회의 주요 증인들 가운데 한 명은 직업 외교관으로서 주 우크라이나 미국 대사관 소속 정무 담당 참사관을 지낸 데이비드 홈즈David Holmes였다. 기억하겠지만, 홈즈는 트럼프 대통령과 고든 선들랜드Gordon Sondland 간의 대화를 우연히 들었다고 증언해 언론에 대서특필된 바가 있었다. 고든 선들랜드는 원래 백만장자 호텔 경영자였다가 주 유럽연합 미국 대사가 되었다. 홈즈는 2019년 7월 26일 키예프에 있는 한 식당에서 선들랜드 그리고 다른 직원 2명과 함께 야외에서 점심을 먹던 중 대사가 휴대전화를 꺼내 대통령에게 전화를 걸었다고 주장했다. 홈즈에 따르면 트럼프의 목소리가 너무 커서 선들랜드는 귀에서 멀찍이 떨어진 곳에 전화기를 두고 있었고, 그래서 식사 자리에 같이 있던 사람들도 대화 내용을 들을 수 있었다.

홈즈의 말에 따르면, 그러다 선들랜드는 젤렌스키 대통령을 언급했고, 트럼프는 "그래서 그가 조사를 진행한다는 건가?"라고 물었다.

"당신이 그에게 부탁하는 것은 무엇이든 할 것입니다."라고 선들랜드가 말했다고 홈즈는 기억했다.

전화 통화가 끝난 후 선들랜드가 "젤렌스키 대통령이 '바이든 수사'처럼 대통령에게 이익이 되는 '큰 건'에 대해 신경을 쓰고 있다."고 말했다고 홈즈는 증언했다.

그렇게 해서 직업 외교관 데이비드 홈즈는 청문회에 기여했다. 솔직히 그것은 선들랜드를 약간 바보처럼 보이게 만들었다. 당시로는 공공장소에서 보안 되지 않은 전화로 국가안보 관련 사안을 이야기하는 것은 해고가 마땅한 위법 행위였다. 그는 마이크 플린 수사로부터 배운 게 없었던 걸까? 선들랜드는 전화 통화는 있었지만, 바이든을 언급한 기억은 없다고 말했다. 신기하게도, 하원 소속 민주당 의원들이 확실한 증언을 찾아 다방면으로 노력을 했지만, 이 전화 통화를 들은 다른 두 목격자 중 어느 누구도 일어난 일에 대한 홈즈 버전의 설명을 확인해주겠다고 나서지 않았다. 그 이유는 무엇일까?

홈즈 자신은 몇 가지 흥미로운 연줄을 가지고 있었다. 아니 정확히 말하자면, 그의 아내 스테파니 홈즈Stephanie Holmes가 그랬다.

스테파니 홈즈는 그녀의 남편과 마찬가지로 국무부 경력직 직원이었다. 그녀는 또한 주 우크라이나 미국 대사관에서 국제마약사법사무국 국장으로 일했다. 하지만 그전에는 국가안전보장회의에서 근무했고, 트럼프 대통령이 집무실에서 세르게이 라브로프Sergei Lavrov 러시아 외무장관 그리고 세르게이 키슬랴크 러시아 대사와 나눈 대화 내용을 유출한 혐의를 받은 것으로 알려졌다. 이 대통령 집무실에서의 만남은 트럼프가 짐 코미를 해고한 다음 날인 2017년 5월 10일에 발생했다. 보도에 따르면 대통령은 손님들에게 '미치광이 FBI 국장을 해임하는 것은 그에게서 엄청난 압박을 해소하는 일'이라고 말했다. 이후 언론 보도들은 트럼프가 테러와 싸우는 정보원에 대한 중요한 기밀 정보도 공유했다고 주장했는데, 그것은 의심스러운 일이다. 〈워싱턴 포스트〉에 따르면 홈즈를 둘러싼 의혹들이 너무나 추악해져서 그녀는 변호사까지 고용했다고 한다. 결국, 그녀는 국가안전보장회의를 떠나 우크라이나로 갔다.

당시 스테파니 홈즈로서는 트럼프 정부에 분개할만한 이유가 있었다. 행정부와 관련된 그녀의 직업적 관계가 일시적인 격변의 상태로 빠졌고, 그녀가 변호사를 고용해야겠다고 결정했을 때는 아마도 비용을 지출해야 했을 것이기 때문이다. 그녀가 트럼프를 원망했을까? 혹은 아내에게 가해진 압력을 두고 그녀의 남편도 대통령을 비난했을까? 데이비드 홈즈가 증언하는 동안 아무도 이 사건을 언급하지 않았다는 것이 나에게는 놀랍다. 증인으로써 그는 자신을 확고한 직업 외교관이라고 내세웠다. 하지만 탄핵 심판 심리에서 트럼프에 불리한 증언을 한 사람 중 편파적인 사람이 있었다면, 홈즈가 바로 그런 사람이다.

스테파니 홈즈 또한 편견을 가질만한 이유가 있었다. 그녀는 트럼프가 백악관에 들어오기도 전에 그녀의 친구인 캐슬린 카발렉 Kathleen Kavalec 유럽유라시아국 부차관보로부터 반트럼프 이메일들을 받았다.

카발렉은 2016년 10월 11일에 크리스토퍼 스틸을 만났고, 영국의 그 우화 작가로부터 숨 가쁜 브리핑을 받았다. 그 베테랑 외교관은 스틸이 팔려고 하는 모든 것을 사지는 않았다. 내가 『혐의를 벗다』에서 언급했듯이, 그녀는 스틸이 조작한 내용 가운데서 한 가지 오류를 즉시 발견했는데, 바로 그가 마이애미에 있는 러시아 영사관을 언급한 부분이었다. 그녀는 그런 영사관이 존재하지 않는다는 것을 알고 있었다.

스틸로부터 브리핑을 받은 후, 카발렉은 그의 주장에 대한 메모를 FBI를 포함한 몇몇 정부 기관에 보냈다. 해킹과 구인활동을 위해 미국 이민자들을 모집하고, 선거를 겨냥해 러시아가 작전을 펴고 있다는 스틸의 이야기를 요약하면서, 카발렉은 또한 스틸의 오류에 대해 지적했다. 하지만 그것만으로 그녀를 봐주기는 어렵다. 그녀는 스틸의 입증되지 않은, 무모한 찌라시를 오바마 행정부 전체에다 퍼붓고 있었다.

〈프리덤 오브 인포메이션 리퀘스트Freedom of Information Request〉가 찾아낸 세 건의 이메일에서 카발렉은 트럼프와 러시아에 대해 경종을 울리는 기사를 첨부파일로 보냈다. 홈즈는 2016년 12월 8일, '트럼프를 위한 트롤[20] : 러시아는 어떻게 우리의 민주주의를 파괴하려고 하는가'라는 제목의 기사가 첨부된 이메일을 받은 세 명의 수신자 중 한 사람이다. 2017년 2월 9일, 카발렉은 홈즈에게 '로이터 단독보도: 푸틴과의 통화에서 트럼프는 오바마 시대의 핵무기 조약을 비난했다'라는 기사를 이메일에 첨부해서 보냈다. 하루 뒤 그녀는 〈워싱턴 포스트〉가 실은, '플린 백악관 국가안보보좌관은 부인했지만, 관계자에 따르면 그가 러시아 대사와 제재 문제를 논의했다'라는 기사를 이메일로 보냈다. 이 세 통의 기사는 모두 트럼프와 러시아를 다루고 있는데, 모두 새 정부에 호의적이지 않았다. 첫 번째 기사는 러시아가 트럼프를 지지하고 있다는 것을 암시한다. 두 번째 기사는 트럼프가 미사일로 러시아에 맞서는 내용이지만 트럼프가 오바마 정

---

20   트롤은 인터넷상에서 남들의 화를 부추기기 위해 보낸 메시지를 의미한다.

부를 비판하는 내용이기도 하다. 세 번째 기사는 트럼프의 국가안보 보좌관이 키슬랴크 대사와 협의한 뒤 거짓말을 했다는 것이다.

이 이메일들은 순전히 업무와 관련된 것이었을까? 아니면 카발렉과 홈즈가 반트럼프 정서를 품고 있었던 것일까? 불행하게도 민주당과 공화당 양쪽의 하원 조사관들은 데이비드 홈즈에게 이 문제에 관해 묻지 않았다.

시프 내부자들의 움직임

2018년 선거에서 민주당이 하원을 장악한 때부터 애덤 시프는 도널드 트럼프를 수사해 유죄로 만드는 데 몰두해 왔다. 2018년 12월, 미국 하원 정보위원회 위원장이 될 준비를 하면서 가진 인터뷰를 보면 그는 망상적 공모 판타지에 푹 빠져 있었다.

트럼프 오거니제이션이 돈을 벌기 위해 사업을 하고 있으며, 트럼프 대통령이 아들들에게 경영권을 넘겼다거나, 그가 평생 자신의 업적을 자랑해왔다는 그의 말은 고려 대상이 아니다. 애덤 시프의 눈에는 트럼프가 하는 모든 일이 대통령 자신이 '연루되어 있음'을 암시하는 것이었다.

하지만 자, 여기 애덤 시프가 연루된 무언가가 있다.

같은 인터뷰에서 시프는 국회의사당에서 가장 영향력 있는 위원회들 가운데 하나인 정보위원회 의장으로서의 자신의 역할에 관해 이야기하면서, "우리에겐 이력서가 넘쳐난다."라고 자랑했다.

그 이력서의 홍수 가운데서 시프와 정보위원회가 고용한 사람이 누구일까?

내부고발자인 에릭 시아라멜라의 두 친구다.

꾸며낸 이야기가 아니다.

첫 번째 피고용인은 2016년부터 2018년까지 국가안전보장회의에서 중국 전문가로 일했던 아비가일 그레이스Abigail Grace였다. 그녀의 이력서는 서류 더미들 가운데 맨 윗자리를 재빨리 차지했다. 그리고 2월 초쯤 그녀는 장부를 훑어보며 트럼프의 재무 상태를 조사하고 있었다.

그로부터 6개월 뒤, 국가안전보장회의를 떠난 진보적 성향의 숀 미스코Sean Misko가 시프가 운영하는 정보위원회 사무실에 도착했다. 그는 국가안전보장회의 걸프국 국장을 역임했다. 시프는 트럼프가 젤렌스키 우크라이나 대통령과 통화한 지 하루 만인 7월 26일에 그를 고용했다.

보도에 따르면 미스코와 시아라멜라 두 사람은 국가안전보장회의에서 만난 친구였다. 이들은 점심을 함께하며 트럼프 대통령이 시작한 정책 변화에 아쉬움을 표현했다. 한 익명의 소식통은 2017년 오바마 시절 국가안전보장회의 소속 인사들 두 명이 트럼프의 고립주의적 외교정책을 비난하는 소리를 들었다고 〈리얼 클리어 인베스티게이션스〉에 전했다. 이 소식통은 그 참모들이 트럼프를 제거하겠다고 공언했음을 전했다.

나는 보통 이런 종류의 이야기를 크게 신뢰하지 않는다. 출처도 밝혀지지 않은 특정한—국가안전보장회의의 중간급 직원 두 명이 전형적인 진보적 사고방식을 따라 희망 섞인 생각을 공유하는—대화는 그저 트럼프를 반대하는 헛소리처럼 들리기 때문이다. 그러나 돌이켜보면 사건이 일어난 방식은 그들의 음모를 완전히 그럴듯하게 보이게 한다.

미스코가 일하기 시작한 첫 달인 2019년 8월, 내부고발자가 하원 정보위원회 소속 보좌관에게 접근해 대통령의 전화에 대해 우려를 표시했다. 그 보좌관은—그가 미스코였는지, 그레이스였는지, 아니면 다른 사람이었는지는 분명하지 않다—유명인 행세를 하는 내부고발자에게 "조언해 줄 변호사를 구하고, 내부고발자 고발장을 제출할 수 있는 감찰관을 만나라."고 말했다고 〈뉴욕 타임스〉는 보도했다. "그 보좌관은 내부고발자가 시프에게 전달한 내용 중 일부를 공유했다. 그는 내부고발자의 신원을 시프와 공유하지 않았다."

그래, 당연히 그랬을 것이다.

이 대화는 진실과 정의의 사도로 자신을 내세우는 애덤 시프가 내부고발자에 대해 알고 있던 그 시기에 뻔뻔하게 거짓말을 한 명백한 증거라는 점에서 흥미롭다. 2019년 9월 17일, 시프는 MSNBC에 출연해서 "우리는 내부고발자와 직접 얘기하지 않았습니다."라고 말했다. 그는 또한 "우리는 직접 대화를 나누고 싶지만, 내부고발자가 의회와 어떻게 소통하는지에 대해 감사관이나 국가정보국장으로부터 법적인 조언을 받지 못한 것을 우려하고 있다고 나는 확신합니다."라고 말했다.

하지만 그건 거짓말이었다. 그 정보위원회 보좌관은 개인적으로 그리고 직접적으로 내부고발자에게 고발장 제출 방법을 알려주었고, 그러고 나서 시프에게 그 문제에 대해 브리핑했다.

이제 정보위원회에서 일하는 두 명의 보좌관은 내부고발자가 시아라멜라라는 것을 알고 있었음이 드러났다.

시프는 고결하고 정의로운 전사의 역할을 최대한 연기하고 있었다. 하지만 그 위선은 탄로가 났다. CNN과 USA투데이 같은 좌파 언론들도 시프의 본모습을 폭로하지 않을 수 없었다.

시프가 알고 있는 것을 감춘 것은 그때가 처음이 아니었다. 내부고발자가 그에게 먼저 손을 내밀었던 것이다. 그 부분에 대해 언급하기 전에 잠깐 다른 이야기를 해보자.

앳킨슨의 갈등

'탄핵 내파'에서 의심스러운 연결고리를 가진 유일한 참가자가 시아라멜라만 있는 것은 아니다. '논란의 여지가 있는 정치적 편향의 일부 징후'를 감지했음에도 불구하고 내부고발자의 고발을 정당화한 마이클 앳킨슨 감찰관은 그 자신만의 문제를 가지고 있었는지도 모른다.

그는 정보 감찰관으로 근무하기 전에는 메리 맥코드Mary McCord 전 법무부 차관보 대행을 위해 일했다. 법무부 소속 변호사로 오랫동안 일하면서 2016년 10월부터 2017년 4월까지 법무부 국가안보국장을 역임한 맥코드는 러시아 공모 날조 사건과 관련하여 잘못된 FBI 수사를 감독한 바 있다. 그녀는 2017년 퇴임해 조지타운대학교 내 '헌법 옹호 및 보호 연구소Institute for Constitutional Advocacy and Protection'의 법무실장이 됐다. 오랫동안 법무부 변호사를 지낸 그녀는 왜 그토록 중대한 시점에 법무부를 떠났을까? 그녀는 브루킹스 연구소Brookings Institute에서 열린 2018년 패널 토론에서 "정책 결정을 비롯해 이뤄지고 있는 여러 가지 일들을 내가 적극적으로 바꿀 수 있다는 생각이 들지 않아서 떠나야 한다는 결론을 내렸다."고 말했다.

페란테나 시아라멜라, 미스코와 달리 맥코드는 트럼프 행정부 내에서 트럼프에 반대하며 일하는 것이 불편했다고 주장한 것이다. 그녀는 자신만의 기준이 있다고 주장했지만, 플린 장군을 타깃으로 삼는 일과 트럼프 팀을 염탐하는 과정에 깊숙이 몸을 담갔을 때는 대체 그런 기준이 있었는지가 궁금하다. 반대편에서 트럼프를 적극적으로 반대하며 폄훼하는 일은 맥코드로서는 받아들일 수 있는 것이었다. 그녀는 탄핵을 지지하는 최고위 외부 변호사가 되었고, 의회 내 민주당원들이 문건들과 증언에 접근하기 위해 싸우는 동안 조언을 제공했다. 또한 돈 맥간 트럼프 변호사의 증언과 뮬러 대배심 증거를 확보하려는 싸움에서도 법사위원회를 대변했다.

그가 이전에 법무부에서 맥코드와 같이 일하면서 쌓은 긴밀한 관계를 고려할 때, 앳킨슨은 자기 자신을 구한 게 아니었을까? 아니면 최소한 내부고발자의 주장과 동기를 조사하기 위해 최선의 노력을 다하지 않았을까? 확실히 그런 것 같다.

대통령은 분명히 그렇게 생각했다. 2020년 4월 4일, 그는 의회에 앳킨슨이 30일 안에 직무에서 물러날 것이라고 통보했고, 사실상 불성실한 감찰관을 해고했다. 트럼프 대통령은 의회에 보낸 메모에서 '감찰관으로 임명된 인사들에 대해 전폭적인 신뢰를 갖는 것은 매우 중요하다. 이 감찰관에 대해서는 그런 신뢰가 더는 없다'라고 썼다.

쟁점은 앳킨슨이 내부고발자의 고발에 대해 내린 세 가지 주요 결정이었다.

첫 번째 의문스러운 결정은 그 고발 사항이 '긴급한 우려'의 기준에 부합한다는 결론이었다. 1998년 제정된 정보기관 내부고발자보호법(ICWPA)은 '긴급한 사안'이라면 정보기관이 의회 정보위원회와 기밀 정보를 공유할 수 있도록 하고 있다.

이 고발은 〈페더럴리스트〉의 마고 클리블랜드가 지적했듯이 '정보 활동의 자금, 행정 또는 운영'과는 아무런 관련이 없다. '대통령의 2020년 대통령 선거를 돕기 위해 트럼프가 우크라이나 지도자를 압박하려 했다'라고 주장하는 이것은 정보활동과는 아무 상관이 없다. 그러나 샐리 예이츠의 전술에서 아이디어를 훔쳤는지도 모를 앳킨슨은 트럼프가 그렇게 한다면 '국가안보와 방첩 관련 심각한 위험'을 초래할 수 있다고 말함으로써 '긴급한 우려'를 정당화했다.

두 번째 실수는 그 고발을 '신뢰할 수 있는' 것으로 간주한 그의 초기 결정이었다. 알다시피, 그 보고서의 몇 가지 사실들은 정확했다.

전화 통화가 있었으며, 트럼프는 그가 말한 내용 그대로를 말했다. 그리고 이제 우리에겐 녹취록이 있다. 하지만 대화의 의미와 의도는 끊임없이 해석의 대상이 된다. 내가 말했다시피, 무엇이 허용 가능한 '외교'이고, 무엇이 상식적인 관계 구축이며, 우크라이나에서 바이든 일가가 벌인 수상한 활동들을 폭로하는 것의 의미는 무엇인가 또한 해석의 대상이 된다. 이 모든 복잡한 질문들은 기껏해야 그 고발이 애매하다는 것을 의미한다. 그리고 내부고발자의 동기도 주목해야 한다. 만약 그 사람이 시아라멜라라고 한다면, 그는 정치적 편견에 의해 움직였을 것이다. 하지만 알려진 사실에도 불구하고, 앳킨슨은 실제 통화나 녹취록에 접근하려고 애쓰지 않았다. 그는 그저 직원들에게 조사를 요청했다. 그는 조셉 맥과이어^{Joseph Maguire} 당시 국가정보국장에게 사안을 넘겨주기 위해 보낸 8월 26일자 서한에서 "긴급한 우려와 관련한 고발을 '신뢰할 수 있는 것'으로 판단하기 위해 통화 기록에 접근할 필요는 없다."라고 썼다. 다시 말해, 상황실에서 트럼프와 젤렌스키 사이의 전화 통화가 이뤄지는 동안 그는 고발의 핵심인 어떤 일이 일어났는지 혹은 일어나지 않았는지를 확인하지 않았다. 그리고 단지 그것이 사실일 수도 있다는 이유로 '긴급한 우려'라는 상태가 믿을만할 것이라고 단정지었다.

(사람들이 복권을 살 때도 이와 비슷한 말을 한다. 당첨될 가능성이 있겠죠? 라고. 난 복권하는 것을 나쁘게만 생각하지 않는다. 하지만 이길 가능성이 아주 조금이나마 있다고 해서 복권을 하는 것이 큰돈을 벌기 위한 적절한 행동이라고 말하지는 않을 것이다.)

그리고 나서 앳킨슨은 당시 국가정보국장인 조셉 맥과이어에게 고발 건을 넘겼고, 그것으로 시계가 똑딱이며 움직이기 시작했다. 맥과이어는 법적으로 7일 이내에 그 고발 건을 의회에 알려야 했다. 하지만 그는 해당 고발이 행정상의 특권에 해당하는 문제일 수도 있다는 우려를 언급하며, 그 시한을 놓쳤다. 2019년 9월 9일, 앳킨슨은 하원과 상원의 정보위원회에 내부 고발자가 고발장을 접수했음을 알렸다.

윌리엄 바 법무장관에 따르면, 그렇게 함으로써 앳킨슨은 법무부의 지시에 불복했다. "그는 법무부에 보낸 서한에서 이 말을 들었습니다. 법무부의 해석을 따를 의무가 있음에도 그는 그것을 무시했습니다."라고 바는 말했다.

시프의 새로운 시도

앳킨슨의 제보가 바로 애덤 시프가 기다리던 것이었다. 그는 앳킨슨이 고발장을 받은 8월 12일 당일에 내부고발자로부터 편지를 다시 받았다. 그는 고발장에 적힌, 대통령을 상대로 한 주장에 대해 이미 알고 있었다. 사실 좀 더 상세하게 말하자면, 시프는 고발장이 접수되기도 전에 내부고발자가 가진 우려에 대해 알게 되었다. 시아라멜라는—그가 내부고발자라는 가정 하에—하원 정보위원회 보좌관에게 접근해서 대통령의 전화에 대한 우려를 표명했고, 변호사를 구하고 고발장을 접수하라는 조언을 들었다. 그 보좌관은 시프에게 내부

고발자가 전한 내용 중 일부를 말했지만, 내부고발자의 신원은 정보위원회 의장과 공유하지 않은 것으로 보인다.

그러나 이제 앳킨슨이 정보위원회에 내용을 알렸기 때문에, 시프는 스캔들을 전국적인 뉴스로 만드는 데 필요한 명분을 얻은 것이나 다름없었다. 시프는 2019년 9월 10일, 국가정보국장이 의회에다 고발장을 전달하지 않아 법을 위반했다며 맥과이어에게 공개편지를 썼다. 그 과정에서 그는 민주당이 가장 좋아하는 동화같은 이야기를 만들어냈다. 방해와 은폐로 가득 찬 동화 말이다.

"법에 따른 귀하의 명시적 의무와 달리 귀하는 기밀 정보를 포함한 내부고발자의 신원을 정보위원회에 알려주지 않고 있습니다."

민주당은 뮬러의 러시아게이트 마녀사냥 때 트럼프에게 수시로 방해 혐의를 씌우려 했었다. 이제 시프는 오래된 전술에 의존했다. "우리는 이 공개를 보류하기로 한 결정이 오직 당신에 의해서만 내려진 것인지 아니면 백악관을 포함한 다른 당사자들의 간섭이 있었던 것인지 알 수 없습니다." 그는 또한 '정보위원회가 당신에게 영향을 미치려는 백악관의 부적절한 노력을 우려한다'고 덧붙였는데, 이것은 맥과이어를 트럼프 대통령이 임명한 것을 고려한다면 우스꽝스러운 말이다.

의회가 승인하는, 우크라이나에 대한 군사적 원조 시한이 다가오고 있었다. 시프가 서한을 보낸 날은 우크라이나에 대한 지원을 위해 할당된 자금이 만료되기까지 20일이 남아있는 시점이었다. 9월 11일, 우크라이나는 요청한 군사적 원조를 받았다.

매우 흥미로운 타이밍이었다.

내부고발자로 알려진 시아라멜라의 고발이 그 자금이 지원된 것과 무슨 관련일까?

고발을 정당화하려는 마이클 앳킨슨의 결정이 모든 사람의 관심을 끌었다고 결론내려야 할까?

혹은 아담 시프를 찾아가 그에게 하늘이 무너지는 것과 같은 이야기와 은폐가 있었음을 암시하는 공개편지를 쓰기로 한 것은 앳킨슨의 결정이었이 있을까?

아니면 행정 기관이 그저 법이 정해 놓은 대로 해야 할 일을 한 것뿐인지도 모른다.

또 다시 상황은 진실을 가리고 좌파 진영의 편집증을 부추길 태세였다. 애덤 시프가 이끄는 민주당의 부정적 여론 형성자들이 3년 내내 공상했던 스캔들이 그들 앞에 펼쳐지고 있었다. 탄핵 맹습은 이제 완전히 가동되기 시작했다. 하지만 결실을 볼 가망은 없었다. 공화당이 장악한 상원은 해야 할 일을 정확히 한 대통령에 대해 유죄를 선고할 의도가 전혀 없었기 때문이다.

그러나 아담 시프와 그의 친구들은 신경 쓰지 않았다. 그들에게는 계획이 있었고, 실현할 비전이 있었다.

이제 남은 일은 전국적 TV 네트워크를 통한 방송으로 시간을 낭비하는 것이었다.

9장

코로나19와 WHO

미국은 지금 전쟁 중이다.

코로나19 바이러스는 미국 역사상 가장 심각한 공격을 미국에 가했다. 내가 이 장을 쓰고 있는 지금 10만 명이 넘는 미국인이 사망했다. 이 책이 출간될 즈음이면 그 수가 20만 명에 달할 것으로 전문가들은 전망한다.

하지만 바이러스가 우리의 유일한 전쟁 상대인 것은 아니다.

코로나19 바이러스가 불러온 재앙에 어떻게 대응할 것인가를 두고 벌어지는 싸움은 정치적 논쟁거리로 변질되어 위험한 수준에 이르렀다. 민주당 사람들은 중국과 중국의 꼭두각시 조직인 세계보건기구(WHO)에서 흘러나오는 잘못된 정보의 맹습을 방치하면서, 트럼프 행정부가 신속 대응하는 데 실패했다고 비난했다.

뭐 딱히 놀랄만한 일은 아니다.

우리 모두를 한데 모으는 역할을 해야 할 국가적 비극이 오히려 우리를 갈라놓고 있다. 방송 채널들과 인터넷은 잘못된 정보와 비난으로 가득 차 있고, 양쪽의 정치인들은 뜨거운 감자 다루듯 책임을 떠넘기며 그들이 가장 좋아하는 '상대편 비난하기' 게임을 하는 중이다.

결국 혼돈 상태가 벌어졌다. 그 결과로 미국 역사상 가장 심각한 경제적 붕괴가 일어났다. 4천만 명의 사람들이 일자리를 잃었다. 시민들의 육체적 건강을 보호한다는 명목 하에 주 정부가 내린 셧 다운 명령 때문에 식료품을 사려는 줄에 비례해 가계부채가 늘었다. 재정 상황 뿐 아니라 의료서비스 시스템도 위험한 상태에 빠졌다. 미국 재무부는 몇 조에 달하는 부채를 국가 재무제표에 추가했다. 그것은 국가 재정 적자를 메우는 배반적인 행위였을 뿐 아니라 미국을 금방이라도 붕괴할 수 있는 상태로 만들었다.

미국이 불안정해지면 누가 이득을 보는가?

우리의 경쟁 상대들이다. 우리의 적들이다.

나는 지금 특정 정당을 일컫는 것이 아니다. 내가 말하는 것은 외국의 적들이다.

구체적으로 말하자면 중국이다.

중국공산당Chinese Communist Party, CCP의 의도는 향후 몇 년간 지속적으로 논의될 것이다. 하지만 논의 대상이 될 수 없는 것은 중국 우한 근처에서 기원한 질병이고, 질병을 은폐할 뿐만 아니라 더 넓게 그리고 멀리 그것을 퍼트리려는 중국공산당의 노력이다. 엄연한 사실은—나는 이 사실을 이 장에서 여러 번 반복해서 언급할 것이다—2020년 1월 23일, 우한이 락다운(봉쇄)에 들어갔고 우한에서 중국의 다른 지역으로 가는 운송 수단이 중단되었지만, 우한 톈허 국제공항에서 외국으로 향하는 비행 편은 여러 날 동안 지속되었다는 점이다. 중국은 위험한 바이러스가 자국민들 사이에서 퍼지는 것을 막기 위해 필사적으로 노력하고 있는 와중에 전 세계에 바이러스를 심고 있었다.

이것은 어떤 섣부른 음모 이론이 아니다. 사실이다.

사우스햄튼대학교의 한 연구는 중국이 3주 전에 비약물적 개입을 했더라면 감염자 수가 95% 감소했을 것이라고 언급했다. 그야말로 바이러스 억제가 가능했을 수도 있었다. 흐름이 바뀌었을 것이다.

대신, 이 장에서 추후 언급될 타임라인이 보여주는 것처럼, 중국은 질병의 심각성을 알리지 않았다. 중국은 WHO에 압력을 가했고, 결국 엄중한 경고를 내보내는 일을 지연시켰다. 중국은 질병이 전 세계로 퍼지도록 내버려 두었다.

왜 그런 일을 한 것일까?

간단히 답하자면, 중국 역시 미국과 전쟁 중이기 때문이다.

좀 더 길게 답하자면 중국의 외교정책과 그들의 가장 큰 라이벌인 미국의 정치와 역사 문제를 신중하게 들여다봐야 할 것이다. 그러고 나면 우리는 중국이 어떻게 해서 인류에 대한 범죄를 저질렀는지 들여다볼 수 있을 것이다. 중국은 유엔의 전 세계 보건 모니터링 기구인 WHO를 인질로 묶어 놓은 상태에서 세계를 속여 왔다.

기원 논쟁

코로나19라고 명명된 코로나바이러스가 우한과 후베이성을 휩쓸고 있는 대량 살상범으로 지목된 후, 지역의 기관인 우한바이러스연구소Wuhan Institute of Virology, WIV가 몇 개의 실험실을 주관하며 코로나바이러스를 연구했다는 보고가 나오기 시작했다.

2018년 1월 19일에 워싱턴 본부로 보내진 국무부 전보에 따르면, 미국 대표단은 우한 바이러스 연구소의 시설을 둘러본 후 실험실 안전 규약과 관련해 경보음을 울렸다고 한다. "WIV 실험실의 과학자들과 대화를 나누는 과정에서 그들은 새로운 실험실이 고봉쇄 실험실을 안전하게 운영하는데 필요한, 적절하게 교육을 받은 기술자들과 연구 인력이 심각하게 부족하다는 것을 알게 되었다."라고 우려에 빠진 외교관들은 썼다. 그들은 또한 연구원들이 박쥐를 연구해왔고, 연구소의 연구 결과들은 '박쥐에게서 나온 코로나바이러스가 사람에게 전염되어 사스와 같은 질병을 일으킬 수 있음을 보여준다'고 보고했다. 그리고 이어 "공중 보건의 관점에서, 박쥐에 있는 사스와 유사한 코로나바이러스에 대한 지속적인 감시와 동물과 인간 간의 접촉에 관한 연구가 미래의 코로나바이러스 발생 예측과 예방에 매우 중요하다."라고 말했다.

미국 대표단이 만난 WIV 전문가 중 한 명은 15년 이상 코로나바이러스와 박쥐를 연구해온 과학자 시젱리Shi Zhengli였다. 그녀의 연구팀은 2017년 윈난성에서 발견된 관박쥐가 2003년에 사스 코로나바이러스를 발생시킨 박쥐 개체군과 같다는 결론을 내렸다. 시젱리가 준 많은 정보를 토대로, 우한의 치명적인 코로나바이러스가 아마도 비슷한 동물로부터 나왔으리라는 점이 밝혀졌다. 이 새로운 바이러스는 2013년에 그녀의 팀이 채취한 박쥐 표본에서 발견된 유전자 배열과 96% 일치했다.

이 모든 사실을 고려했을 때, '코로나19가 WIV 연구실에서 나왔는가?' 하는 논리적인 질문을 던지기 위해 여러분이 꼭 바이러스 학자나 의사, 또는 과학자여야 할 필요는 없다. 상식만 있으면 된다.

이런 질문을 하는 것이 당신을 편집증 환자나 외국인 혐오자로 만들지는 않을 것이다. 그건 그저 논리적인 질문일 뿐이기 때문이다. 발병 초기부터 코로나바이러스의 기원으로 지목된 곳은 야생동물이 마법처럼 팔리는 우한의 수산 시장이었다. 그러나 우한의 초기 의학 연구들에는 수산 시장이 전혀 언급되지 않았다. 그들은 해산물 시장에 대해 언급했다. 최초 희생자 41명이 수산물과 연관되어 있었다. 박쥐가 해산물 시장에서 팔리는가? 난 전혀 모르겠다. 바이러스가 이러한 시장에서 팔리는 뱀이나 천산갑 같은 동물들을 매개로 하여 박쥐에서 인간으로 옮겨갔으리라는 추측도 있었다. 한편, 의학 전문지 〈랜싯〉이 발표한 연구에서 확인된 가장 빠른 증상을 보인 환자의 발병 시점은 12월 1일이었다. 그것은 해산물 시장, 혹은 수산 시장과는 관련이 없었다. 분명한 것은 우한의 바이러스 연구소에는 박쥐 바이러스에 대한 보고가 들어갔다는 사실이다. 그렇기 때문에 어떤 위반이—미국 관료들이 2년 전에 걱정했던 그런 종류의 위반—발생했는지 의심하는 것은 지극히 당연한 일이다.

WIV는 예상대로 입장을 전면 부인했다.

시젱리는 지방 정부 신문과의 인터뷰에서 "목숨을 걸고 말하건대,

그 바이러스는 우리 연구실에서 나온 것이 아닙니다."라고 말했다. WIV 고위급 인사인 위안즈밍Yuan Zhiming도 '그 바이러스가 우리에게서 왔을 리가 없다'고 단언했다.

하지만 바이러스가 WIV를 빠져나갈 수 있는 방법은 많다. 시젱리의 직원들 가운데 한 명은 살인광일지도 모른다. 쥐가 길을 갉아서 만들고 스스로 오염된 구역으로 들어갔을 수도 있다. 우리는 이러한 상황을 설명하기 위해 특별한 노력을 들일 필요가 없다. 사고는 일어난다. 그리고 중국공산당 간부들은 거짓말을 한다.

미국 정보 분석가들은 이 연구소에서 뭔가 심각하게 잘못된 일이 있었는지 알아내기 위해 노력해 왔다. 〈NBC〉에 따르면, 그들이 연구한 보고서는 2019년 10월 7일부터 10월 24일까지 WIV 내의 높은 수준의 보안이 필요한 구역에서 휴대폰 활동이 중단됐었다고 결론 내렸다. 이 보고서는 어떤 '위험한 사건'이 10월 6일과 10월 11일 사이에 일어났을 것으로 추측하고 있다.

정보 분석가들은 26쪽에 달하는 그 문서의 결론을 단정할 수 없었다. 하지만 우리는 바이러스의 초기 샘플들이 의도적으로 파괴되었다는 것은 안다. 국가보건위원회 관료인 류덩펑Liu Dengfeng은 중국 당국이 발병 초기 단계에 채취한 샘플을 삭제한 사실을 확인했다—이것은 마이크 폼페이오Mike Pompeo 국무장관이 비난한 내용이다. 류덩펑은 '실험실의 생물학적 안전에 대한 위험을 방지하고 미상의 병원균에 의한 2차 피해를 방지하기 위한 조치'가 취해졌다고 주장한다. 그러나 중국은 이 핵심 샘플을 제거함으로써 바이러스의 진화를 추적할 절호의 기회를 망쳤다. 지금까지 바이러스 전문가들은 코로나 19 바이러스의 유전자 배열이 세균전을 위해 조작되거나 무기화되었다는 증거는 없다고 말했다. 하지만 파괴된 샘플들이 어떤 사실을 알려주었을지 누가 알겠는가.

비록 이 바이러스가 WIV에서 나오지 않았고, 실은 어떤 명청한 인간이 박쥐를 먹었기 때문에 사람에게 옮겨진 것이라 해도, 이 질병에 대한 정보를 은폐하고 치명적인 바이러스를 적극적으로 수출한 중국공산당 정부의 부끄러운 행동은 용서받지 못할 것이다. 오히려, 우한에서 그렇게나 많은 코로나바이러스 연구가 진행되었다는 사실에 비추어 중국 당국은 훨씬 더 큰 경계심을 갖고 대응했어야 했다. 하지만 그렇게 하지 않았다.

왜일까?

전 세계적 싸움

닉슨 대통령이 중국을 방문한 이후 거의 50년 동안, 중국은 미국을 속여 왔다.

은퇴한 육군 준장 로버트 스폴딩Robert Spalding은 그의 놀라운 책 『스텔스 전쟁: 미국의 엘리트가 잠든 사이 중국은 어떻게 따라잡았나』에서 중국은 훌륭하고 간단하면서도 복잡한 게임을 펼쳐왔다고 주장했다. 그는 그것을 '군사적 개입에 의존하지 않고 전 세계에 걸처 통제력과 영향력을 얻기 위한 경쟁'이라고 썼다. 이를 위해 중국은 처음에는 팽창주의 계획이 없는 가난하고 후진적인 나라라고 자처했다. 소련과는 달리, 아프가니스탄이나 아프리카 나라들을 지원하지도 않았다. 중국은 기술과 과학적 지식을 얻으려고 노력하면서 내부 문제에 집중했다. 학생들을 미국 대학에서 공부시키고 실험실에서 일하게 했다. 중국은 점차 비즈니스의 세계를 향해 문을 열었고, 미국의 학자들과 정치인들은 중국의 경제 성장이 마법처럼 민주화로 이어질 것이라고 착각하게 되었다. 이러한 망상은 1989년 중국 공산당이 천안문 광장에서 인민해방군—이 이름의 아이러니에 주목하시라—을 동원해서 민주화 운동을 진압하고 지지자들을 학살하는 모습을 전 세계가 목격한 후에도 지속됐다.

미국 기업들과 투자자들은 눈 하나 깜짝하지 않았다. 중국 노동자들에게 지급하는 노예 수준의 임금과 그로 인한 이윤에 이끌려, 기업들은 중국의 열렬히 수용적인 도시로 생산 시설을 옮겼다. 결정적으로는, 빌 클린턴이 중국에 최혜국 대우를 부여하고 중국이 세계무역기구(WTO)에 가입했을 때, 그 수문이 활짝 열렸다. 잠재적인 수입 관세를 더는 걱정할 필요가 없는 관계로 미국의 사업과 투자가 중국으로 쏟아져 들어왔고, 결과적으로 공산국가를 전 세계 제조업의 수도로 만드는 데 일조했다. 그곳에서는 세계 해적들이 기술을 절도했다. 제조업체들이 허가 없이 다른 공장에서 복사본을 찍어 낼 수 있도록 미국 디자인 제품을 불법 복제하는 것은 흔한 일이 되었다. 중국 정부는 수십 년 동안 저작권 침해 행위를 단속하는 것을 거부해

왔다. 사이버 공격, 정교한 데이터 절도 작전, 신생 기업 인수 등 필요한 모든 수단을 동원해서라도 기술 획득에 전국가적인 집착을 보여왔다.

　미국의 현금과 투자는 중국에서 언제나 환영이었다. 막대한 에너지 수요를 위해 외환보유고가 있어야 하는 나라로서는 그런 것들이 많을수록 좋기 때문이다. 중국은 세계 제1의 석유 수입국이고, 광범위한 빈곤으로부터 국민을 구해내기 위해 투자 달러와 수익에 의존한다. 그러나 언론, 출판, 종교, 이동의 자유와 법치주의, 그리고 '모든 시민은 정당한 절차의 보호를 받아야 한다'는 미국의 이상들은 결코 환영받지 못했다. 사실, 악명 높은 '문서 9'와 같은 정부 칙령들에서 중국공산당은 미국의 자유를 곧 자국의 존립에 대한 위협으로 간주하고 있음을 분명히 했다. 다음은 중국공산당 중앙위원회가 2013년에 발표한 아홉 번째 논문인 '문서 9'의 발췌문으로, 특별히 그 편집증이 엿보이는 대목이다.

> 서구 입헌 민주주의에는 뚜렷한 정치적 특성과 목적이 있다. 이 중에는 권력분립, 다당제, 보통 선거, 독립적인 사법부, 국영 군대 및 기타 특성들이 있는데, 이것은 자본주의 계급의 국가, 정치 모델, 그리고 시스템 디자인에 대한 개념이다…… 서구 입헌 민주주의의 핵심을 공개적으로 천명하는 것은 당의 지도력과 헌법과 법률의 이행을 반대하는 것이다. 그들의 목표는 서구 입헌 민주주의를 이용하여 당의 지도력을 약화하고, 인민 민주주의를 폐지하고, 우리나라의 헌법과 확립된 제도와 원칙을 부정하며, 서구의 정치 체제를 중국

에 도입함으로써 충성의 변화를 가져오는 것이다.

한 마디로, 개인의 권리는 나쁘고 중국공산당은 좋다는 것이다.

중국의 경제력이 점차 커짐에 따라, 중국의 국제적 영향력을 위한 목표도 커졌다. 중국은 세계를 상대로 2단계 전략을 연마했다. 첫째, 항상 협조적이고 긍정적으로 보이도록 하라. 둘째, 무슨 수를 써서라도 영향력을 얻어라. 설령 그것이 법을 어기고, 윤리를 버리고, 세계 지도자들에게 뇌물을 주는 일이라 할지라도. 중국은 최초의 핵추진 항공모함을 건조 중인 중국선박중공업집단China Shipbuilding Industry Corporation의 자금을 대기 위해 독일 프랑크푸르트 증권거래소에 위장된 10억 달러 규모의 채권을 발행하는 등 언제나 자신들의 이익을 위해 서방의 투자를 활용해왔다.

중국은 WTO의 회원국이지만, 외국계 기업은 중국에 그냥 사업장을 열 수가 없다. 그들에겐 중국인 공동소유자가 있어야 한다. 이사회에는 반드시 중국공산당 대표를 포함해야 한다. 그뿐만 아니라 중국에서 벌어들인 모든 이익은 중국 안에 머물러야 한다. 이익금과 투자금을 본국으로 보내는 것이 불가능하지는 않지만, 길고 어려운 과정을 거쳐야 한다. 이것이 어째서 공정한 거래인가?

중국에서 외국 기업이 계속 문을 여는 것은 중국 내부의 양이 많고, 기업들은 매우 중요한 시장 점유율을 놓칠까 두려워하기 때문이다. 그들은 시장 점유율을 확보하기 위해 중국 안에 머물러야 한다고 믿으며, 언젠가는 규칙이 바뀌어서 수익을 본국 대차대조표에 추가

할 수 있기를 희망하고 있다.

하지만 중국공산당이 권력을 틀어쥐고 있는 한, 그들은 계속 꿈만 꾸고 있는 것이다.

그동안 중국은 권력을 공고히 해왔다. 중국은 세계의 제조 및 공급 망을 지배한다. 통신 시스템을 전 세계로 수출하여 시민들이 휴대폰을 통해 전송하는 위치, 문자, 이메일, 연락처, 사진과 같은 엄청난 양의 데이터에 접근한다. 이러한 데이터는 중국이 디스토피아 감시 국가로 변모하는 원동력이 되고 있다. 그리고 중국 통신사들은 아프리카 국가들에 정부가 자국민을 염탐할 수 있는 일련의 도구들을 제공하고 있다.

감시 노하우는 차치하고서라도 중국이 장악하지 못한 분야는 기술 분야다. 하지만 중국은 미국의 전문가들이 중국에서 일할 수 있게 하려고 '천 명의 인재 프로그램Thousand Talents Program'을 시작했다. 그 프로그램은 수천 명의 STEM(과학, 기술, 공학 및 수학) 분야 학생들을 연구할 수 있는 환경을 갖춘 미국 대학으로 보내는 것이다.

중국 정부는 또한 미래에 대한 두 가지 비전을 발표했다. 첫 번째 비전은 중국을 열 개의 첨단 기술 분야에서 지배적인 기술 제조 강국으로 변화시킬 '메이드 인 차이나Made In China 2025'라는 10개년 계획이다. 두 번째 비전은 중국과 개발도상국 사이에 수십 억 달러 규모의 해운 네트워크를 만드는 일대일로 계획이다. 세계은행 전략 분석가들은 만일 중국이 이 계획에 성공한다면, 세계 인구의 62%를 대상으로 하는 상품과 데이터의 흐름, 그리고 알려진 에너지 매장량의

75%를 중국공산당이 통제하게 될 것이라고 우려한다.

닉슨에서부터 카터, 클린턴 그리고 부시 부자를 거쳐 오바마에 이르기까지, 그 어떤 대통령도 감히 중국에 이중잣대로 적용되는 규칙을 크게 비난하지 않았다. 세계에 공장을 제공하고 돈을 빌리고 채권을 발행하면서도, 다른 모든 나라가 따르는 금융법을 따르기를 거부하는 중국에 대해 말이다. 중국공산당은 자국 기업에 대한 감사를 가로막고, 저작권 침해를 중단하지 않으며, 기술이전을 요구하고, 자국의 통화가치를 정하며, 그 이윤이 중국 영토를 떠나지 못하도록 막는다. 중국공산당은 자산을 압수하고 소유권을 즉흥적으로 양도한다. 해외 시장으로의 접근을 공격적으로 모색하지만, 자국 시장으로의 접근은 막는다.

하지만 클린턴, 부시, 오바마가 중국에 허용한 자유 이용권은 2016년 도널드 트럼프의 대통령 당선으로 끝났다. 트럼프는 중국에 그들의 사기 행각을 중단해야 한다고 말할 수 있는 배짱을 가진 최초이자 유일한 미국 대통령이다. 2017년 8월 14일, 트럼프는 미국 무역대표부(USTR)에 '중국은 미국의 기술과 지적 재산을 중국에 있는 기업에 이전하도록 장려했고 미국의 경제적 이익에 부정적인 영향을 미칠 수 있는 법률, 정책 및 관행을 시행했다'는 주장에 대해 조사하라고 지시했다.

USTR 보고서는 매우 비판적이었다. 조사관들은 '2001년 이전에는 중국이 시장 접근에 대한 대가로 기술이전을 명시적으로 요구하는 경우가 많았다'고 지적했다. WTO 가입 후, 중국의 기술이전 정책과 관행은 종종 구두지시와 비공개 형태로 수행되며 더욱 암묵적으로 변했다. 시장 접근을 대가로 기술을 요구하는 것은 WTO 협정을 위반하는 것이기 때문에 이러한 압력은 은밀하게 요구되었다.

보고서는 또 시진핑 주석 혹은 다른 정부 대표들이 미국 기업에 대한 기술이전 요구를 완화하고, 중국공산당은 그 누구에게도 압력을 가하지 않도록 하겠다고 약속한 열 가지 사례도 언급했다. 그러나 수사관들은 이 정책이 공식화되었다는, 더 나아가 법제화되었다는 증거는 찾지 못했다.

무역대표부의 182쪽짜리 보고서는 놀랍고도 무서운 읽을거리를 시사한다. 이것이 트럼프가 '더는 두고 볼 수 없다'고 판단한 주요 이유기도 하다.

딥스테이트와 자신의 행정부 내에 있는 '트럼프는 절대 안 돼'를 믿는 광신도들의 부당하고 날조된 공격에도 불구하고 도널드 트럼프는 중국의 무역 전술에 도전하는 일을 흔들림 없이 해냈다. 2018년 여름, 트럼프 대통령은 중국에서 수입된 2,500억 달러 이상의 상품에 관세를 부과했다. 그가 중국 정부와 중국에 아웃소싱하는 미국 기업 모두에게 던진 메시지는 분명했다. 중국이 공정한 경쟁의 장을 마련하고 공정한 거래 법칙을 존중하기로 합의하지 않는 한, 미국은 장벽을 세우겠다는 것이다. 트럼프는 개발도상국의 국제우편 요금을 부담하는 만국우편연합(UPU) 조약 탈퇴도 주도했다. 1969년 이후, 작은 소포를 북경에서 뉴욕으로 보내는 것이 펜실베이니아의 1600번지에서 의회로 보내는 것보다 비용이 적게 들었다. 수십 년 동안 중국 회사들은 아마존Amazon과 이베이eBay 같은 회사들을 통해 미국 내 구매자들에게 이렇게 제품들을 배송해 왔다. 미국 회사들이 발명한 제품들을 베낀 수십억 달러 상당의 해적판 물건들이 보조금까지 받으며 미국 우정국에 의해 배송되어 왔다. 미국 우정국은 중국과의 우편 협약에 따라 매년 1억 7천만 달러로 추정되는 손해를 보고 있다. 미국 기업들은 마땅히 누려야 할 수익과 그런 수익이 창출할 세금마저 빼앗겼다.

트럼프 행정부는 또 중국이 전 세계에서 시행 중인 최첨단 휴대폰 및 데이터 전송망인 5G 독주에 적극적으로 반대해 왔다. 트럼프 팀은 화웨이 등 중국 통신사들이 중국공산당과 손발이 척척 맞는다는 점을 인식하고 있었다. 5G 네트워크의 설치와 보안에는 미국뿐만 아니라 동맹국들의 국가안보 문제가 걸려있다. 데이터 보안 및 감시에 대한 중국의 집착을 감안할 때, 중국 기업들이 이 통신 부문을 지배하도록 두는 것은 데이터 노출, 개인 정보 보호 기능의 파괴, 그리고 수백만 대의 디지털 기계과 시스템에 대한 중요한 제어 기능을 포기하는 위험을 초래한다.

곧 트럼프는 전 세계에 전체주의 비전을 확장하려는 중국의 강박적인 행진을 막는 주요 장애물들 가운데 하나, 아니 유일한 걸림돌이 되었다. 트럼프 대통령의 재임 기간 동안 중국의 폭발적 성장에도 브레이크가 걸렸다. 소득 대비 부채 비율이 점점 더 커졌다. 트럼프는 예측불허의 엑스(x) 인자였다.

이런 점을 감안할 때 중국공산당의 정치·경제 전략가들이 집중적으로 한 가지 게임이론 시뮬레이션을 벌이는 것을 어렵지 않게 예상할 수 있다. 그것은 바로 트럼프의 2020년 대선 승리를 막는 것이었다. 중국공산당은 조 바이든이 그들에게 좀더 말랑말랑하게 굴 것이라는 점을 알고 있었다. 오바마는 트럼프가 보여준 반중 행보를 일절 거부했다. 게다가 중국의 입장에서 바이든은 뭘 더 모르고, 트럼프보다 훨씬 더 조종하기 쉽다. 내가 『혐의를 벗다』에서 썼듯이, 중국은행Bank of China은 조 바이든이 부통령으로 재직하고 있을 당시 헌터 바이든과 그의 친구들에게 10억 달러 규모의 투자 펀드를 선물로 주었다. 중국공산당이 바이든 가족에 대해 어떤 영향력을 행사하고 있는지는 신과 중국만 알고 있다. 바이든 부통령은 아이오와주 코커스[21] 유세를 하면서 미국에 대한 중국의 사악한 슬로 플레이[22] 위협에 대해 무지를 과시했다. 그곳에서, 뭘 모르는 조 바이든은 중국이 우리의 경제적 라이벌이라는 단순한 주장에 충격을 받고는 말했다. "중국이 우리 점심을 먹어 치울 거라고요? 오, 무슨 그런 일이."

조 바이든 부통령은 중국에 대해 "그들은 체제 내에 존재하는 부패를 어떻게 처리할지 모릅니다."라고 말했다. "내 말은, 아시다시피,

---

21 아이오와 코커스(Iowa Caucus)는 미국의 대통령 예비 선거 과정 중 아이오와주의 각 군에서 코커스(당원대회) 형식으로 대의원을 선출하는 행사를 말한다. – 역자 주

22 슬로 플레이slow play는 포커 게임의 용어로, 좋은 패를 가지고 있으면서도 베팅을 약하게 함으로써 상대방을 기만하는 행위를 일컫는다. – 역자 주

그들은 나쁜 사람들이 아닙니다. 하지만 그거 아세요? 그들은 우리의 경쟁상대가 아닙니다."

이 말만 듣고도 시진핑 주석은 백주와 모엣 샹동 샴페인을 땄을 것이다. 그리고 우리가 충분히 상상할 수 있는 것은, 그가 바이든의 바보 같은 발언에 건배한 후에 부하들에게 2020년 대선에서 바이든이 백악관 집무실에 입성할 수 있도록 도울 방법을 찾으라고 지시했을 것이라는 점이다.

어떻게 그럴 수 있을까? 특히 주식시장이 사상 최고치를 기록하고 있는 상황에서 트럼프를 막을 수 있는 것은 무엇일까? 재정적 안정은 현직 대통령의 재선 가능성을 보여주는 가장 신뢰할 수 있는 지표 중 하나였다. 빌 클린턴이 조지 H. W. 부시 대통령을 이길 수 있도록 도운 제임스 카빌James Carville은 다음과 같은 유명한 말을 했다. "문제는 경제야, 바보야." 중국은 어떻게 그들만의 특유의 스타일로—책임은 지지 않으면서 결과에 영향을 미치는 식의—미국 경제에 해를 끼칠 수 있었을까?

2020년 1월, 베이징은 이 질문에 대한 답을 찾았다.

숨고 몰래 다가가기

코로나19 바이러스는 우한에서 수 개월은 아니더라도 수 주 동안 퍼지고 있었다. 그런 다음에야 발병의 세부 사항이 세계에 알려지

243

기 시작했는데, 그 직전인 12월 무렵에 우한 의사들은 사스를 연상시키는 질병을 발견했다. 그들 중 비교적 젊은 안과 의사인 리원량Li Wenliang은 그의 의대 동문들에게 위챗WeChat 메시지를 보내 지역 해산물 시장에서 나온 7명의 환자가 사스와 비슷한 질병과 싸우며 자신의 병원에 격리되어 있다고 썼다.

중국에서 언론의 자유는 보장받을 수 있는 권리가 아니다. 민주개혁을 촉구하거나 중국공산당을 비난하면 긴 징역형을 받을 수 있다. 심지어 중국공산당은 자신들이 모든 언어를 소유한다고 믿는다는 주장도 있다. 중국 정부는 국경 내에서 생성된 모든 전자 데이터가 중국공산당의 자산이라고 주장한다. 이 말은 중국에서 생성된 모든 트윗이나 게시물, 이메일, 사진은 모두 정부 소유라는 뜻이다. 이는 또한 이론적으로 중국 내 기업이 만든 어떠한 컴퓨터 프로그램이나 앱도 세계에서 가장 디스토피아적인 전체주의 체제—5억 대의 카메라가 시민들을 추적 관찰하고 있는 감시 국가—의 소유물이라는 것을 의미한다.

리원량의 게시물은 지역 당국의 관심을 끌었다. 그들이 그의 입을 막으려 했다는 건 놀랍지 않다. 경찰은 그에게 '거짓말을 멈추라'고 경고했다. 그는 루머를 퍼뜨린 혐의로 조사를 받았다. 리원량의 아내는 임신 중이었는데, 그는 환자들과 치명적인 질병과 싸우고 있는 아내에 대해서만 걱정해야 하는 게 아니었다. 그것은 자신의 경력과 명성 그리고 자신의 안위가 달린 일이었다.

중국 정부 당국은 리원량의 경고를 누구와도 공유하지 않았고, 침묵을 지켰다. 무역과 여행으로 인해 수백만의 사람들이 이동하는 글로벌 세상에서, 모든 국가의 보건 관계자들은 일반적으로 세계보건기구(WHO)를 질병 발생 정보를 공유하고 전파하는 자원으로 사용한다. WHO는 스위스에 본부를 둔 UN의 보건 담당 기구다. 2019년 마지막 날, 우한 보건 당국은 마침내 1,300만 명의 인구가 사는 우한에서 원인 불명의 폐렴 환자 집단이 나타났다고 WHO에 통보했다.

무엇 때문에 중국은 이 정보를 공유할 수밖에 없었을까? 좋은 질문이다. 중국 당국만이 위챗에 올린 리원량 박사의 게시물에 주목했던 것은 아니다. 대만의 질병통제센터도 그 게시물을 보았고, 즉각 경종을 울렸다.

대만으로서는 중국에서의 발병을 감시할 충분한 이유가 있었다. 중국 해안에서 100마일도 떨어져 있지 않은 이 나라는 중국 본토에서 매주 출발하는 수백 편의 비행기가 도착하며, 연간 2백만 명의 사람들이 방문하는 곳이다. 대만은 2003년 중국에서 시작된 사스 발발로 인해 큰 피해를 입었던 전력이 있다.

성명서에 따르면, 다음날인 12월 31일, 대만 정부는 두 가지 긴급 조치를 취했다. "WHO 산하 국제보건규칙International Health Regulations의 연락 사무소에 이메일을 보내 WHO에 그 질병에 대해 알고 있는 사항을 알리고 추가 정보를 요청했다. 둘째, 인간 대 인간의 전염이 실제로 일어나고 있다는 것을 전제로 국경 통제 및 검역 조치를 강화했다. 이러한 조치에는 우한에서 출발한 항공편의 승객들을 비행기에서 내리기 전에 검사하는 것도 포함돼 있었다."

코로나19 위협에 대한 대만의 대응은 간단히 말해 놀라웠다. 우한에서 온 여행객들이 엄격한 테스트를 받고 건강에 대한 모니터링을 받는 동안 기자회견이 매일 열렸다. 덕분에 그 나라는 재난을 피했다. 하지만 대만의 초기 경고에 대한 WHO의 반응은 그다지 인상적이지 않았다.

대만은 경고 문구를 작성하면서 세심한 관심을 기울였다. 대만 질병통제센터는 이메일에서 이 이례적인 폐렴을 상세하게 언급했고, 특히 환자들이 치료를 위해 격리되어 있다는 점을 언급했다(이것은 보건 전문가들에게는 인간 대 인간 전염의 강력한 가능성에 대한 경고나 다름없다). 하지만 WHO는 이에 대해 반응을 보이거나 별다른 경고를 다른 회원국들에 전달하지 않았다.

주 영국 대만대표부의 데이비드 린^{David Lin}은 WHO의 반응을 다음과 같이 설명했다.

> WHO는 중국과의 관계 때문에 그 경고를 다른 회원국들과 공유하지 않았다. 그 실수는 결국 글로벌 전염병에 대한 세계인의 대응을 지연시켰다. WHO 내부뿐 아니라 국가 간에 존재하는 전염병 정치는 공중 보건에 신경 쓰는 나라라면 절대 용납할 수 없는 사항이다.

이것은 WHO가 질병 발생을 정치적으로 이용했다는 첫 증거다. 유죄를 강력히 시사하는 가장 노골적인 증거가 있다. 2020년 1월 14일자 세계보건기구의 트윗부터 살펴보자.

🐦 중국 당국의 예비 조사 결과 #중국 #우한에서 확인된 새 #코로나바이러스 (2019-nCov)의 인간 대 인간 전염의 명확한 증거는 발견되지 않았다.

같은 날, 믿기 힘들게도 '코로나바이러스의 사람 대 사람 전염이 제한적이나마 있었다'라는 내용의 언론 브리핑이 있었던 사실이 날짜가 명시되지 않은 채 WHO 타임라인에 올라와 있었다. 이 타임라인의 담당자는 미국의 전염병학자인 마리아 밴 커코브^{Maria Van Kerkhove}였다. 그녀는 이 말도 안 되는 단절을 어떻게 설명할까? "공개적으로나 트위터를 통해 말하는 것은 국가 간이나 공동 연구자들 사이에서 논의되는 것과는 매우 다르다. 일군의 폐렴에 대해 듣게 되었을 때, 공동체 내의 그 누구라도 사람 대 사람 간의 전염이 있을 수 있다고 말하지 않는다면 그것은 거짓말을 하는 것이다. 그게 바로 우리가 행동의 원칙으로 삼는 것이다."

뭐라고? 제 기능을 하는 뇌를 가진 사람이 제네바에 있기는 한 건가? 긴급 보건 상황의 가능성을 두고 공개적으로 언급되는 것과 비공개적으로 언급되는 것이 다른 이유는 무엇인가? 그리고 누가 트윗을 올린 홍보팀에 '인간 대 인간 전염의 증거가 없다'라는 내용을 전달했는가? 어디선가는 나왔을 테니까 말이다. 트위터는 세계에서 가장 빠른 정보 중계 시스템 중 하나이다. 밴 커코브의 조직은 노골적인 허위 정보를 게시했다. "중국 당국은 새 코로나바이러스의 인간 대 인간 간의 전염에 대한 명확한 증거를 발견하지 못했다." 어떻게, 그리고 왜 이런 일이 일어났는지는 아직 밝혀지지 않았다. 한편, 밴 커코브는 믿기 힘들 정도로 사실을 부인하는 방어적 자세를 고수하고 있다. "우리는 이 바이러스가 전염될 것이라고 믿었던 대로 행동했다는 사실이 중요하며, 그것이 바로 우리가 한 일이다. 우리가 이보다 더 잘 대응했을 수 있을까? 그 말은 누구에게든, 어디에서든 적용된다."

누군가는 솔직히 털어놓아야 한다. 어떻게 WHO 팀은 소셜네트워크(SNS) 상에서는 사람 대 사람 전염을 과소평가해 놓고 전염을 우려하는 것처럼 행동했던 것일까?

WHO가 100% 가짜인 은폐용 메시지를 '중국 당국'으로부터 받아서 전달한 것은 충분히 가능한 일이며, 내가 WHO를 비난하는 것을 메시지 전달자를 비난하는 것으로 생각하기 쉽다. 하지만 테워드로스 아드하놈 거브러여수스Tedros Adhanom Ghebreyesus WHO 사무총장의 이력과 UN 기구들을 장악함으로써 '소프트 파워'를 가지려는 중국의 잘 알려진 전략을 고려할 필요가 있다(2018년까지 중국인들은 네 곳의 UN 전문 기관들을 이끌었고, 여기에는 국제식량농업기구(FAO), 국제민간항공기구(ICAO), UN 공업개발기구(UNIDO), 그리고 국제전기통신연합(ITU)이 포함된다.)

전통적으로 지구상 어디에서든 질병이 발생하면 WHO는 전문가 팀을 보내 상황을 평가한다. 그러나 이런 일은 일어나지 않았다. 홈페이지에 따르면, WHO는 본부와 지역본부, 국가 수준에서 3개의 사고관리지원팀(IMST)을 신설하고 질병의 발발에 대응하기 위한 긴급 태세에 돌입했다. 국가 수준이라는 말은 매우 일반적인 용어다. 이 말은 '우리는 우한에 팀을 보냈다'라는 말과는 다르다.

외교전문지 〈포린 폴리시〉의 가차 없는 보도에 따르면, WHO 지도부 가운데 맨 처음 중국을 방문한 사람은 테워드로스 사무총장이었다. 그는 우한으로 가지 않았다. 그는 시진핑 중국 국가주석과 있을 1월 28일 회담을 위해 베이징으로 갔다. 테워드로스(에티오피아인들은 전통적으로 개인 이름을 가지고 있고 그들 아버지의 개인 이름을 그들의 두 번째 이름으로 삼는다. 한편 중국에서는 성이 이름보다 먼저 나온다)는 자신의 직업을 시진핑 주석과 중국 덕분에 얻었기 때문에 중국에 충성한다는 것은 잘 알려진 사실이다. 사실, 그의 경력의 많은 부분은 베이징에 굽실거린 덕분이라고 말할 수 있다. WHO 수장이 되기 전 테워드로스는 에티오피아 보건장관이었다(2005 – 12년). 조지타운대학교 오닐 연구소의 로렌스 오 고스틴Lawrence O. Gostin에 따르면, 그는 보건장관으로 재임하는 동안 자신의 고국에서 발생한 세 건의 콜레라 전염병을 은폐했다.

일찍이 고스틴은 테워드로스가 WHO의 수장이 되기 위해 입후보할 당시 그를 비판했는데, WHO의 수장이 전염병을 은폐하는 것에 관여했다면 WHO가 '정당성을 잃을 수 있다'라는 우려 때문이었다.

"그에게는 권력자에게 진실을 말하고, 오랜 기간에 걸쳐 확인된 콜레라 발병을 정직하게 확인하고 보고할 의무가 있었다."라고 고스틴은 회고했다.

다른 의학 전문가들은 에티오피아가 발병을 숨겼다고 의심했음을 비공개를 전제로 확인해주었다. 이러한 우려에도 불구하고, 테워드로스는 중국의 강력한 지지를 받았는데, 중국은 첫 번째 WHO 사무총장 선거에서 그의 경쟁자인 영국의 데이비드 나바로^{David Nabarro} 의사를 물리칠 수 있을 만큼의 많은 표를 다른 나라들로부터 얻어냈다. 중국은 왜 테워드로스를 지지했을까? 월 스트리트 저널에 따르면 테워드로스가 에티오피아 외무장관을 지낸 4년 동안 중국은 에티오피아에 투자하면서 수십억 달러를 빌려주고 아프리카의 뿔에 교두보를 세웠다.

중국 전문가 란희 첸^{Lanhee Chen}은 〈월 스트리트 저널〉 기사에서 "WHO 선거에서 이긴 지 얼마 되지 않아 테워드로스는 베이징을 방문하여 중국의 의료 시스템을 칭찬했고, 우리는 모두 중국에서 무언가를 배울 수 있다고 말했다."라고 언급했다.

중국은 약탈적 대출과 개발 원조 패키지들을 국제적 고리대금업과 비슷한 거래로 꾸미는 데 통달해 있다. 2000년 이후, 중국은 에티오피아에 120억 달러 이상을 빌려주었다. 이 관대함에는 무서울 정도로 엄격한 조건이 뒤따른다. 스리랑카 대통령은 중국공산당 소유의 중국항만엔지니어링 회사와 대규모 계약을 체결하여 수십억 달러 규모의 깊게 준설되는 함반토타항을 건설하기로 했다. 이것은 당시에는 좋은 생각처럼 보였지만, 2017년이 되자 스리랑카는 빚더미에 올라앉았다. 스리랑카는 함반토타항과 주변 15,000에이커의 땅에 대한 지배권을 99년 동안 포기했다.

중국의 손에서는 국가 부채가 조작 도구가 된다. 독일의 킬 연구소^{Kiel Institute} 연구원들에 따르면, 중국은 국제 대출 기관으로 탈바꿈하여 지난 20년 동안 5,200억 달러로 추정되는 규모의 돈을 개발도상국에 대출해 주고 있다. 이 놀라운 수치는 중국을 세계은행보다 더 큰 채권국으로 만든다. 중국공산당은 다양한 방법으로 채무에 대한 압력을 다른 국가들에 행사할 수 있다. 자원의 소유권을 요구할 수도 있다. UN 선거에서의 투표처럼 호의적인 제스처에 대해서는 채무를 탕감해줄 수도 있다. 그리고 테워드로스에게 그랬던 것처럼, 중국은 국제기구의 수장에게 궁극적으로는 주요 경쟁국의 경제를 마비시킬 메시지를 보낼 것을 요구할 수 있다.

국제적 대유행과 재정 붕괴를 일으키는 방법

테워드로스와 그의 조직이 내놓은 진술 타임라인은 두 가지 가능성을 시사한다. WHO가 극도로 무능하거나 중국의 조종을 받는다는 것이다. 나는 두 가지가 모두 사실이라고 믿는다. 다음은 사건의 타임라인이다.

2019년 12월 1일—최초의 COVID-19 환자가 우한에서 나타난다(후베이성에서 온 55세의 환자가 11월 17일 이 병에 걸렸다는 공개된 보고가 있었지만, 확인되지는 않았다).

2019년 12월 27일 — 후베이성 한양방 통합 병원의 장지시안^{Zhang Jixian} 박

사는 이 병이 새로운 코로나바이러스에 의한 것이라고 중국 보건당국에 전달한다.

2019년 12월 30일 ─ 리원량 박사는 바이러스에 대한 우려를 게시물 형태로 위챗에 올린다.

2019년 12월 30일 ─ 대만은 코로나바이러스 가능성을 두고 WHO에 경고성 이메일을 발송한다.

2019년 12월 31일 ─ 중국은 마침내 세계보건기구에 발병 사실을 알린다.

2020년 1월 12일 ─ 중국은 COVID-19의 유전자 서열을 공유한다.

2020년 1월 13일 ─ 태국은 최초로 중국 이외의 지역에서 발생한 COVID-19 사례를 보고한다.

2020년 1월 14일 ─ WHO는 인간 대 인간 전염이 있었다고 믿지 않는다는 트윗을 올린다. 이날 WHO 담당자는 "코로나바이러스의 사람 대 사람 전염이 제한적이나마 있었다."라고 언론에 밝힌다.

2020년 1월 20-21일 ─ 중국과 서태평양 지역 사무소의 WHO 전문가들이 발병 이후 처음으로 우한을 짧게 방문해서 현장 조사를 실시한다.

2020년 1월 22일 — WHO는 중국의 압력에 굴복해 '이견'을 언급하며 국제공중보건 비상사태 선언을 거부한다.

2020년 1월 23일 — 우한의 관계자들은 도시 내 완전한 여행 금지를 발령한다.

2020년 1월 25일 — 후베이성 전체가 봉쇄된다.

2020년 1월 25일 — 후베이에서 출발하는 중국 국내선 운항이 중단된다.

2020년 1월 30일 — WHO의 비상대책위원회는 제네바에서 회의를 열고, 마침내 이 전염병이 국제공중보건 비상사태의 기준을 충족한다는 데 동의한다. WHO는 중국 외 18개국에서 발병 사례가 있다고 보고한다.

2020년 1월 31일 — 트럼프는 14일 이내에 중국에 입국한 적이 있는 모든 외국인(홍콩과 마카오 제외)의 미국 입국을 중단한다는 선언을 발표한다.

2020년 1월 31일 — 이탈리아가 모든 중국발 그리고 중국행 비행편을 금지한다.

2020년 2월 1일 — 친강 중국 외교부 부부장이 중국 주재 이탈리아 대사를 만나 금지 조치에 대해 항의한다. 중국 외교부는 "금지 조치가 양국 국민에게 큰 불편을 끼쳤다."라며 행동에 나선다. 많은 중국인이 여전히 이탈리아에 발이 묶인 상태다.

2020년 2월 7일 — 코로나바이러스 내부고발자 리원량 박사는 어린 아들과 임신한 아내를 남기고 COVID-19로 사망한다.

2020년 3월 1일 — 미국은 워싱턴 주 거주자인 한 50대 남성을 COVID-19로 인한 첫 번째 사망자로 발표한다.

이 타임라인은 계속 이어질 수 있다. 물론 나는 COVID-19의 파괴적 이동에 대해 많은 내용을 써놓지는 않았다. 그러나 이 타임라인의 주된 목표는 중국과 WHO가 얼마나 파괴적이며, 그들이 어떻게 협력해서 행동했는지, 그리고 그들의 지연적 행동이 어떻게 전 세계적 보건 위기와 경제 위기를 촉발했는지를 보여주는 것이다. 전문가들은 위기의식을 가졌지만, 전 세계에 이 위협적인 상황을 알리지는 못했다.

2월 3일, 국제 질병 통제 분야에서 가장 영향력 있는 사람이 '누구도 국제 여행과 무역을 불필요하게 방해할 필요가 없다'고 선언했을 때, 테워드로스가 중국의 손아귀에서 놀아나고 있는 것은 아닐까 하는 의구심은 전염병 전문가들에게(그리고 조금이라도 뇌를 가진 사람이라면 그 누구에게라도) 분명한 사실로 받아들여졌다.

당시 중국에서는 이 질병으로 인해 수천 명은 아니더라도 수백 명이 사망했다. 주목할 만한 것은 중국이 전체 후베이성 내의 여행과 무역을 전면 금지했었다는 점이다. 전체주의 정부는 자국민들을 절대적인 완전 봉쇄 상태에 가둬두고 있었다. 중국은 살인 바이러스로부터 스스로를 보호하기 위해 후베이성으로부터 자신을 봉쇄했다. 하지만 테워드로스가 전 세계에 전한 메시지는 중국으로부터의 여행과 무역을 금지하지 말라는 것이었다. 한 국제기구 대표가 주인에게 아첨하고 알랑거리는 행위를 말로 다 표현하기가 힘들 정도다. 만약 중국을 보호하기 위해 내부적 여행 및 무역 금지가 필요했다면, 그것은 마찬가지로 전 세계로 확대되었어야 했다.

테워드로스는 왜 중국과의 사업을 평소처럼 해도 된다는 홍보 문구를 전달했을까? 왜냐하면 중국 정부는 엄청난 수의 빈곤한 자국민을 위해 외국 무역이 필요하기 때문이다. 에너지 수요를 충족시키고 막대한 신용대금을 갚기 위해서는 달러가 필요하다. 무역이나 제조업이 없다면, 중국공산당이 통제하는 경제만으로는 붕괴할 위험이 있기 때문이다. 그래서 테워드로스는 적극적으로 나서서 중국의 명령을 따랐다―우리가 지금 정신 나간 충고라고 알고 있는 내용을 발표한 것이다.

최소 43만 명의 사람들이 1월 1일부터 4월 초까지 중국에서 미국으로 여행했다. 중국의 한 항공 데이터 회사는 1월 상반기에 4천 명의 여행객들이 우한에서 미국 공항으로 직접 비행했다고 〈뉴욕 타임스〉에 전달했다. 1월에만 381,000명의 승객들이 중국에서 미국 공항으로 날아왔다. 하지만 WHO의 수장은 그것이 별일 아닌 것처럼 행동하고 있었다.

치명적인 수출품

<<<<<<<<<<<<<<<<<<<<<<<<

나는 내 팟캐스트에서 봉쇄(락다운) 해제를 지지해 왔다. 나는 우리 사회와 경제에 초점을 둔, 신중한 개방을 지지한다. 사람들은 일해야 한다. 코로나19는 심각하게 받아들여야 하는 잔인한 살상범이다. 그것이 사람들을 무자비하게 죽인다는 것을 이해한다. 미국 사회의 폐쇄로 인한 경제적 파괴는 삶에도 막대한 비용을 초래했다. 봉쇄에 따른 재정 경색은 사람들의 삶을 파괴했다. 우리가 두 눈으로 목격하고 있는 현실이다. 언론 보도에 따르면 가정 폭력이 급증했다. 알코올 중독과 약물 남용 또한 급증했다. 봉쇄로 인한 스트레스는 엄청나다. 심리적, 감정적 지출 또한 셀 수 없다. 식료품 공급이 줄었고, 많은 병원이 시술이 금지되어 파산 위기에 놓인 처지이다.

중국공산당은 이 모든 것을 누구보다도 먼저 알았다. 코로나19가 심각한 피해를 초래한다는 것을 경험으로 알았던 것이다. 그래서 중국공산당은 사사로운 일꾼을 동원했다. 테워드로스는 중국의 명령을 받들어 WHO가 우한 바이러스를 전 세계적 유행병으로 분류하는 것을 보류했다. 중국과 WHO의 광대 테워드로스에 대한 도널드 트럼프의 공격은 완벽히 타당했다. 중국과 WHO는 세계를 보호하는 데 실패했다. 수백만 명이 죽고 수십억 명이 경제적 어려움을 겪었다.

2020년 5월 18일, 트럼프는 테워드로스에게 내가 언급한 내용들을 상세히 설명하는 편지를 보냈다. 그러나 트럼프는 장용젠 Yong-Zhen Zhang 박사가 〈셀〉에 실은 기사에 기초한 것으로 보이는 충격적인 새 주장도 편지에 포함했다. 장용젠 박사는 1월 5일에 코로나19 바이러스의 염기 서열을 완성해 중국 당국에 전달했지만, 중국 당국은 장용젠이 1월 11일에 직접 발표할 때까지 이를 알리지 않았다.

트럼프는 서한에서 중국이 지원한 WHO의 실패 내용을 네 쪽에 걸쳐 일일이 열거한 뒤 "WHO가 앞으로 나아갈 유일한 길은 중국으로부터의 독립임을 실제로 증명한다."라고 대놓고 선언했다. 그리고 테워드로스에게는 30일간의 기한을 주며, '실질적인 개선을 이뤄내지 않으면 미국은 WHO에 대한 자금 지원을 영구적으로 중지할 것'이라고 압박했다.

중국이 WHO의 테워드로스를 조종하는 것을 감안할 때, 트럼프의 입장은 반박하기 어렵다. 트럼프가 자신이 정한 기한을 무시하기로 하고 5월 29일에 WHO에서 탈퇴하겠다고 밝힌 것도 놀랍지 않다.

중국의 행동을 보면 남는 유일한 질문은 중국이 언제, 왜 이 병을 무기화하고 수출하기로 했느냐는 것뿐이다. WHO는 중국이 바이러스의 유전자 코드를 공개한 것을 높이 평가했는데, 우리는 중국이 그 정보를 바로 공개하지 않고 시간을 끌었음을 알고 있다. 하지만 이 모든 것은 중국공산당의 술책에서 나온 것이다. 그들은 세계를 돕는 것처럼 행동하면서도 다른 한편으로는 적극적으로 피해를 주고 있었다.

많은 독자는 아마도 중국이 왜 이 질병이 걷잡을 수 없이 확산하는 걸 보고 싶어 하겠느냐고 질문할지 모른다. 미국이 중국 경제에서 그렇게나 중요한 부분이라면 왜 미국 경제에 피해를 주려고 하겠는가?

내가 처음 언급했던 내용으로 돌아가 보자. 중국은 장기적인 게임을 해 왔다. 중국은 항상 장기적인 게임을 한다. 중국은 50년 동안 미국을 상대로 슬로우 플레이[23]를 해온 것이다. 도널드 트럼프만이 마침내 그들의 거짓된 행동, 좀 더 정확히는 기만적인 방식을 지적했다. 이것은 중국이 자신들의 전략을 조정하게 했다.

나는 트럼프를 제거하는 것이 중국에서는 집착이 되었다고 믿는다. 이를 위해 중국공산당의 분석가들은 경제에 해를 끼치는 것이 트럼프의 재선 가능성을 무너뜨리는 가장 효율적인 방법이라는 것을 깨달았다. 미국 경제를 파괴하는 것은 중국에 타격을 주겠지만, 기억해야 할 것은 중국공산당은 먼 미래의 성과를 겨냥한다는 사실이다. 그들은 계산해보았다. 그리고 그들은 트럼프가 4년 더 중국의 장기적인 계획을 해체하는 상황에 비하면 1년의 재정적 피해는 아무것도 아니라고 결론지었다. 만약 그들이 조 바이든이 승리하는 것을 도울 수 있다면, 그들은 쓸모 있는 멍청이를 미국의 책임자로 갖게 될 것이었다. 그는 공식적으로 중국이 완전히 무해하다고 생각하는 사람이다.

이 장에서 분명히 밝혔듯이, 그들은 절대 무해하지 않다.

중국이 미국에 가한 피해는 우리가 지금까지 본 그 어떤 피해를 능

23　슬로우 플레이(Slow play)는 포커에서 나온 용어로, 강한 패를 들고서 베팅을 약하게 함으로써 상대를 기만하는 게임 기법이다. – 역자 주

가한다. 우리가 경험한 죽음과 경제적 비용은 이미 제1차 세계 대전, 한국 전쟁, 그리고 베트남 전쟁을 합친 것을 넘어섰다. 스폴딩 장군과 같은 중국 전문가들이 밝혔듯이, 중국의 전략은 단 한 발의 총알도 쏘지 않고 전쟁에서 승리하는 것이다.

데이터, 기술 및 금융 조작 분야의 전문가인 중국은 이제 막 전쟁을 위한 새로운 요소를 추가했다. 베이징의 전략가들은 코로나19가 사람만 죽이는 것이 아니라 경제도 죽인다는 것을 깨달았다. 일단 질병이 발발해 외부로 빠져나가자, 베이징은 방향을 틀었다. 중국은 바이러스가 확산할 수 있는 시간을 벌기 위해 WHO가 위협을 덜 심각하게 다루도록 압력을 가함으로써 미국 경제와 도널드 트럼프의 재선 가능성을 파괴할 수 있을 것으로 생각했다. 피해는 엄청날 것이었다. 그러나 세계 지배를 위한 중국의 마스터플랜에 대한 중대한 위협들은 모두 제거될 것이었다.

10장

미국 예외주의의 귀환

미국이 직면하고 있는 산더미 같은 정치적 문제들을 일거에 해결할 방법은 없다.

정치인을 믿어달라고 호소하는 것은 그 누구에게도 부탁하기 어려운 일이다. 그들이 모욕적인 애국자 법에 찬성표를 던지고, 성과도 거의 없는 외국에 대한 개입을 끝없이 지지하고, 미국의 국가 부채를 늘린 사람들이라면 말이다. 내가 내 팟캐스트에서 말한 것처럼, 공화당이 우리의 모든 명백한 문제들에 대한 해답은 아닐 수도 있지만, 민주당은 분명히 그 원인이다.

그러므로 정치인들을 믿는다는 것은 마치 금송아지 같은 거짓 우상들을 숭배하는 것처럼 느껴질 수 있다. 때로는 우리가 선거를 통해 선택할 수 있는 것들이 상황을 더 나아지게 만들어주지 못한다. 수년 동안, 나는 공직에 출마하는 사람들이 나의 견해와 가치관을 이해하지 못하거나 반영하지 않는 경우가 많다고 느꼈다. 나는 좋은 선택이 아니라 덜 나쁜 선택을 위해 투표할 수밖에 없었다. 투표하며 느꼈던 좌절감이 나를 공직에 출마하게 했다. 나는 열심히 노력했지만, 선거에서 이기지는 못했다. 결국 나는 늪 안으로 침투하기보다는 늪 바깥에서 여론을 형성하기로 했다.

나는 자유, 해방, 사생활 보호, 안보, 행복의 추구라는 미국의 이상을 지지하기 때문에 공화주의자다. 나는 자본주의를 더러운 단어라고 생각하지 않는다. 나는 그것에 수반되는 위험과 책임감을 받아들인다.

하지만 모든 공화당원들이 영웅은 못된다.

이 책에서 전개된 터무니없는 이야기들은 두 당의 공모 때문에 일어났다. 왜냐하면 국민들이—그중 많은 사람이 공화당원이다—각자의 자리를 굳건히 지키며 민주당 공작원들이 촉발한 권력 남용을 막는 데 실패했기 때문이다. 충실한 공화당원인 존 매케인과 그의 믿을만한 보좌관 데이비드 크레이머는 그 추잡한 스틸 문건의 확산을 도왔다.

로버트 뮬러는—그는 '전설적인' 전직 FBI 국장이었고, 특별검사로서 2년 이상 대통령직에 대해 전례 없는 공격을 계속했다—공화당원이다. 수백만 달러의 비용이 들어간 마녀사냥 작업에 뮬러를 임명하고 지도까지 한 로드 로젠스타인 역시 그렇다. 인생의 많은 부분을 FBI 국장으로 보내면서 전문 트럼프 사냥꾼으로 활동한 제임스 코미 역시 마찬가지였다. 그럼에도 이 불경스러운 삼위일체는 여전히 나라를 뒤흔들고 있는, 트럼프의 대통령직에 대한 전쟁을 시작했다.

불법 행위는 오바마 행정부와 그 여파로 발생한 반트럼프 도당의 전매특허가 되었다. 탄핵 놀이는 충격적인 시간 낭비였다. 그것은 대통령의 말을 최대한 부정적인 시각으로 분석해서 조작해 낸 스캔들이었으며, 그로 인해 트럼프에 대한 부당한 소송이 시작되었고 미국 정부가 두 달 넘게 마비됐다. 대체 무엇 때문이었을까? 그래야만 아담 시프가 CNN과 MSNBC에 출연해서 자신이 지어낸 터무니없는 동화를 사람들에게 들려줄 수 있었기 때문이다. 그리고 민주당은 그들의 촌극이 실패하더라도 트럼프 행정부와 공화당이 2020년 대선에서 승리할 기회에 타격을 줄 것으로 생각했기 때문이다.

참으로 고귀한 대의명분이다, 그렇지 않은가?

너무 많은 공화당원들이 지난 4년간 법과 원칙이 정한 바를 따르기만 했다. 우리는 실제로 공모 의혹이 거짓말에 불과하며 탄핵 기소가 가짜라는 것을 알았다. 하지만 공화당은 왜 더 강하게 맞서 싸우지 않았을까? 러시아게이트 수사에 대한 빌 바의 재검토가 결코 용납되어서는 안 되는 검찰의 권력 남용을 밝혀낸 것처럼 말이다.

물론 그건 쉽지 않았을 것이다. 왜냐하면 미국 CIA와 FBI, 법무부의 정보 유출자들이 떠드는 말을 주류 언론이 몇 번이고 받아먹었기 때문이다. 글렌 심슨과 크리스토퍼 스틸과 같은, 민주당에서 자금을 지원받은 정보원들은 듣고 싶어 하는 사람이라면 누구에게나 말을 전했다. 돈을 받고 고용된 정보원인 스테판 할퍼는 고작 우연한 저녁 파티 모임을 활용해서 조작에 성공했다. 언론은 암시와 허위 정보를 반복해 내보냈다.

아이러니하게도, 그들은 도널드 트럼프에 대한 진실을 보도하지 않았다. 그들은 하늘이 무너지고 있다는 소식을 전하느라 눈앞에서 펼쳐지고 있는 혁명을 놓쳤다. 미국 유권자들이 그의 진정성 있고 독창적인 방식에 감탄했다는 것을 이해할 수 없었다. 트럼프는 벨트웨이 엘리트[24]나 실리콘밸리의 억만장자, 혹은 돈과 얽힌 특정 이익집단 등 그 무엇에도 빚진 게 없었다. 그는 명예나 부를 위해 그 누구도 필요하지 않았다. 그는 돈이 필요하지 않았다. 그는 이미 백만장자였다. 그는 일부러 이름을 떨칠 이유도 없었다. 이미 유명인이기 때문이다. 그는 워싱턴이라는 늪에 대혼란을 야기하지도 않았다. 왜냐하면 그는 늪을 바꿀 무신경한 외부인이었기 때문이다.

트럼프는 두 가지 선택지 가운데 덜 나쁜 것이 아니었다(어떻게 힐러리 클린턴보다 나쁜 선택지가 될 수 있겠는가). 그는 완전히 새로운 선택지였다. 그는 사과하지 않는 미국인이자, 자신의 생각을 말하는 것을 두려워하지 않는 선택지였다.

언론은 이 역동적이고 이해할 수 없는 것의 매력을 알아차리기에는 너무 눈이 멀어 있었다. 모든 편집자와 필자들은 그것이 분명 기만적인 계획인 것처럼 반응했다. 언론의 이토록 허약한 세계관은 미국 고속열차 복도만큼이나 협소하므로, 그렇게 하는 것만이 그러한 사건들을 처리할 수 있는 유일한 방법이었을 것이다. 그들에게는 기준이란 게 없었다. 그리고 '트럼프는 절대 안 돼' 파와 '오바마를 지지하는 민주당원들'이 서로에게 음모론을 제공하기 시작했을 때, 언

---

24   수도 워싱턴 DC의 외곽순환도로는 495번 도로인데, 도시를 허리띠처럼 감싸고 있기 때문에 '벨트웨이(Beltway)'라는 별명으로 불린다. 벨트웨이 엘리트는 민주당, 공화당 등 양당 정치권 엘리트들을 일컫는다. – 역자 주

론은 그것을 게걸스럽게 먹어 치웠다. 스스로 자신들이 민주주의를 구하기 위한 임무를 수행하는 백기사라고 생각하면서 말이다.

그러나 그것은 민주당을 구하기 위한 잘못된 임무였다.

그리고 그들은 거의 절반에 가까운 국민들이 트럼프를 백기사로 본다는 것을 이해하지 못했다.

어떤 의미에서 나 역시 그런 여론매체의 일부이다. 그래서 나는 내 동료들을 완전히 몰살하고 싶지는 않다. 하지만 많은 이들이 비난받아 마땅하다. 그들은 트럼프를 집어삼키려고 했던 거의 모든 스캔들 속에 숨어있던 위선과 이중 잣대를 인식하지 못한 채, 그러한 이중 잣대를 영구화하는 데 일조했다.

폴 매너포트가 우크라이나 억만장자로부터 돈을 받았는데, 외국 대리인으로 등록하지 않았다는 것은 사실이다. 하지만 그레그 크레이그와 토니 포데스타 역시 매너포트와 같은 우크라이나 정보원들로부터 돈을 받았고, 외국 대리인으로 등록하지 않았다! 포데스타는 처벌을 피했다. 크레이그는 기소조차 당하지 않았다. 어떻게 그것이 가능한가? 걷잡을 수 없는 분노는 어디에 있었던가? 민주당의 권력 브로커들이 부패하고 탐욕스럽고 추접하다는 주요 언론의 기사들은 어디에 있었던가?

도널드 트럼프가 우크라이나 지도자에게 전화해서 특혜를 부탁했다고? 조 바이든은 더 큰 특혜를 부탁했다는 사실을 인정했다. 그는 아들이 일하고 있던 회사를 수사하던 우크라이나 검사의 해고를 10억 달러 규모의 차관과 결부시켰다. 그는 왜 기소되지 않았을까? 우크라이나가 이 부정행위를 조사하기를 트럼프가 원했던 것은 당연하다.

마이클 플린은 FBI에 거짓말을 한 혐의로 계속해서 핍박받아 왔다. 나는 그가 거짓말을 했다고 믿지 않는다. 도미니카 공화국에서 휴가를 보내고 있었을 당시, 그가 했던 전화 통화의 상세한 기억이 일부 흐릿해졌을 것으로 생각한다. 그러나 앤드루 맥케이브 FBI 부국장은 FBI의 클린턴 재단 수사에서 했던 자신의 역할을 〈월 스트리트 저널〉에 유출한 것과 관련해서 반복적으로 거짓말을 한 것으로 드러났다. 맥케이브는 그 정보 유출을 용인함으로써 기본적으로 FBI 수사가 개시되도록 만들었다. 이것은 물론 FBI 정책과 부합하지 않는다. 아니면 마이클 호로위츠 감찰관이 맥케이브의 역할을 그의 보고서에서 언급했듯이, 그는 〈월 스트리트 저널〉에 정보를 흘린 자신의 역할을 설명할 때 여러 차례 솔직하지 못했으며(선서 이후의 진술도 포함된다), 그런 그의 행위는 FBI 범법 코드 2.5와 2.6을 위반했다.

앤드루 맥케이브는 기소되었을까? 당연히 기소되지 않았다. 그의 변호인단은 밸런타인데이에 법무부로부터 밸런타인데이 카드를 받기도 했다. 카드에는 '법무부의 사기 및 공공 부패국은 심사숙고 끝에 귀하의 고객인 앤드루 맥케이브에 대해 형사 고발을 하지 않기로 했다'라는 내용이 쓰여 있었다.

맥케이브는 다른 곳으로 화제를 돌렸다. 그는 또한 돈을 추구했는데, 거액의 계약을 맺고 CNN 기고자로 일하기로 한 것이다. 딥스테이트 주동자들이 개입된 곳에서는 얼핏 악재가 호재인 것처럼 보인다.

하지만 이 글을 쓰고 있는 시점에도 마이크 플린은 여전히 통제 불능의 연방 판사에게 농락당하며 법적인 궁지에 빠져 있다. 나는 그가 마침내 무죄방면 되기를 기도한다.

전혀 말이 안 되는 상황이다. 같은 규칙이 반드시 양쪽 모두에게 적용되어야 한다.

상황이 절망적이기는 하지만, 나는 절망에 사로잡혀 있지 않다. 사실, 나는 희망을 품고 있다. 나는 45살이고, 두 번의 탄핵과 9/11 사태, 수십억 달러의 비용이 들어간 이라크에서의 대실패, 8년간의 오바마 지옥, 4년간의 트럼프 무너뜨리기 시도, 코로나바이러스 전염병, 그리고 대공황 이후 최대의 금융 및 고용 붕괴를 경험했다.

이 모든 것과 미국 정당 시스템에서 명백히 드러나는 양당적 약점, 그리고 편향된 언론 인프라에도 불구하고, 미국은 여전히 자유의 땅이다. 기본적인 개인의 자유는 여전히 존재한다. 중국과 달리, 미국 시민들은 원하는 것을 말하고, 숭배하는 모든 신에게 기도하고, 원하는 것을 생각하고, 원하는 것을 출판할 수 있다. 미국은 지구상에서 가장 위대한 기업가들과 발전된 기술을 가지고 있다. 미국은 세계인이 몰려드는 국가이다. 아무도 더 나은 삶을 위해 중국으로 몰래 들어가려 하지 않는다. 사실 지난 20년 동안, 중국인들은 수십만 명에 달하는 자녀들을 미국 대학에 보내 정규 4년제 대학 혹은 대학원 과정을 이수하게 하려고 매년 수십억 달러를 써왔다. 그런 아이들 가운데 그 누구도 해외에서 고작 한 학기 동안, 단 한 번 머무르기 위해 미국으로 오지는 않는다. 그에 비해, 후베이성의 4년제 대학 프로그램에 등록하는 미국 고등학생이 몇 명이나 된다고 생각하는가?

다음 장애물

미국이 중국, 우한, 그리고 바이러스 퇴치 문제를 다루는 동안 세계는 큰 불확실성에 신음하고 있다. 미국의 예외주의는 끝나지 않았다. 나는 오히려 미국 예외주의가 귀환하고 있다고 믿는다. 우리가 해야 할 일은 아이들을 위해 더 나은 시민 교육을 보장하고, 더 나은 사람들을 선출하고, 중국의 슬로우플레이식 반미 공세를 막아내는 일들이다.

그러기 위해서는 우리가 내세우는 후보들에 세심한 주의를 기울여야 한다. 우리가 막 견뎌낸 것을 생각해보라. 우리는 3년 반에 걸쳐 진행된 스캔들 조작, 미국 국민에 반하는 적극적인 조치들, 그리고 가차 없는 검찰 권력의 과잉으로부터 살아남았다. 그리고 트럼프는 여전히 싸우고 있다.

유권자들은 우리가 어떻게 도널드 트럼프를 뽑았는지 기억할 필요가 있다. 우리는 커다란 돈줄에 영향을 받지 않고, 개인의 이익을 최우선으로 여기지 않으며, 단일화된 거대 정부를 용인하지 않고, 미국의 자유에 대한 중요성을 잘 알고 있는 후보들을 뽑아야 한다.

우리는 4년에 걸친 트럼프에 대한 감시 활동을 목격해 왔다. 마이크 플린 장군을 타깃으로 삼은, 끝을 모르는 정교한 3인조 음모도 마찬가지다. 전직 연방 요원으로서, 나는 애국자들이 전통적인 권력 구조에 도전한 것 때문에 표적이 되는 경우를 보리라고는 결코 생각하지 못했다. 타깃으로 삼았던 그간의 괴롭힘은 제3세계 독재 정권에서나 일어나는 일이다. 나는 이것이 개발도상국에서 일어난다고 하면 이해하겠지만, 미국에서 일어난다는 것은 이해할 수 없다.

나는 지금껏 돈, 연줄, 그리고 음모를 추적해왔다. 권력 남용과 억만 장자들의 타깃이 되는 일, 그리고 음모론을 제조하기 위한 또 다른 음모들도 상세히 설명했다. 내가 할 수 있는 일은 이 정도다.

이제 독자 여러분이 미국을 되찾는 데 도움을 줄 차례다.

팔로우 더 머니

1판 1쇄 발행 2022년 3월 15일

지은이 댄 본지노
옮긴이 황성연
발행인 함초롬
발행처 도서출판 열아홉
디자인 데시그 디자인
종이 월드페이퍼
인쇄 상지사
주소 서울시 영등포구 여의도동 14-8 극동vip 빌딩 909호
이메일 nineteenbooks19@gmail.com

ISBN   979-11-976269-6-8 (03340)